Kurt-Georg Scheible

Verhandeln, um zu siegen

Kurt-Georg Scheible

Verhandeln, um zu siegen

WILEY

WILEY-VCH Verlag GmbH & Co. KGaA

1. Auflage 2015

Alle Bücher von Wiley-VCH werden sorgfältig erarbeitet. Dennoch übernehmen Autoren, Herausgeber und Verlag in keinem Fall, einschließlich des vorliegenden Werkes, für die Richtigkeit von Angaben, Hinweisen und Ratschlägen sowie für eventuelle Druckfehler irgendeine Haftung.

© 2015 Wiley-VCH Verlag & Co. KGaA, Boschstr. 12, 69469 Weinheim, Germany

Alle Rechte, insbesondere die der Übersetzung in andere Sprachen, vorbehalten. Kein Teil dieses Buches darf ohne schriftliche Genehmigung des Verlages in irgendeiner Form – durch Photokopie, Mikroverfilmung oder irgendein anderes Verfahren – reproduziert oder in eine von Maschinen, insbesondere von Datenverarbeitungsmaschinen, verwendbare Sprache übertragen oder übersetzt werden. Die Wiedergabe von Warenbezeichnungen, Handelsnamen oder sonstigen Kennzeichen in diesem Buch berechtigt nicht zu der Annahme, dass diese von jedermann frei benutzt werden dürfen. Vielmehr kann es sich auch dann um eingetragene Warenzeichen oder sonstige gesetzlich geschützte Kennzeichen handeln, wenn sie nicht eigens als solche markiert sind.

Der Autor dankt Herrn Jan Schäfer für seine wertvollen Hinweise und seine redaktionelle Mitwirkung.

Bibliografische Information der Deutschen Nationalbibliothek

Die Deutsche Nationalbibliothek verzeichnet diese Publikation in der Deutschen Nationalbibliografie; detaillierte bibliografische Daten sind im Internet über <http://dnb.d-nb.de> abrufbar.

Printed in the Federal Republic of Germany
Umschlaggestaltung: Torge Stoffers Graphik-Design, Leipzig
Gestaltung: pp030 – Produktionsbüro Heike Praetor, Berlin
Satz: inmedialo Digital- und Printmedien UG, Plankstadt
Druck und Bindung: CPI – Ebner & Spiegel, Ulm

Gedruckt auf säurefreiem Papier.

Print ISBN: 978-3-527-50811-2
ePub ISBN: 978-3-527-68608-7
mobi ISBN: 978-3-527-68607-0

Inhalt

Geleitwort · · · · · · · · · · · · · · · · · 7

Einführung · · · · · · · · · · · · · · · · · 9

1 Das Briefing/Die Vorbereitung: »Wer redet mit wem über was?« · · · · · · · · · · · · · · · · · 19

2 Analyse/Eigeninventur – »Auf welchen Wegen ist das gesteckte Ziel zu erreichen?« · · · · · · · · · · · 31

3 Die Recherche: Information ist Macht! · · · · · · · 45

4 Ziel und Strategie: Klarer Kurs für klare Ergebnisse · 59

5 Das Training: Rüsten Sie auf! · · · · · · · · · · · 79

6 Das Coaching: Ihr mentaler Fitnessraum · · · · · · 91

7 Die Simulation: Ihre Generalprobe · · · · · · · · 107

8 Die Verhandlung: Jetzt wird es ernst! · · · · · · · 121

9 Die Nachbereitung: Nach der Verhandlung ist vor der Verhandlung · · · · · · · · · · · · · · · · · 137

Anmerkungen · · · · · · · · · · · · · · · · 153

Index · · · · · · · · · · · · · · · · · · · 155

Über den Autor – Kurt-Georg Scheible im Fokus · · · 157

Das Seminar zum Buch: Raus aus der Win-Win-Falle! Verhandeln um zu siegen. · · · · · · · · · · · 163

Geleitwort

Aus dem Musikgeschäft kommend war es für mich in den letzten 40 Jahren eine Selbstverständlichkeit, stetig und ständig in Verhandlungen einbezogen zu werden. Es spielt dabei keine Rolle, ob es um kleinere Beträge oder höhere Beträge ging. Die Absicht muss immer sein, dass sich selbst gesteckte Ziel als maximale Richtlinie für ein positives Ergebnis zu sehen. Ich ersteigere auch kein Auto, das einen Wert von 500 Euro hat für 5 000 Euro. Bei jeder Verhandlung ist auch der erste Ton ausschlaggebend. Ob Sie in Deutschland, Frankreich, Italien, England, USA oder Japan sind, die Schlacht wird geschlagen, wenn Sie für eine freundliche und selbstbewusste Atmosphäre sorgen und sich als im Thema befindlicher Verhandlungspartner herausstellen. Es gibt nichts Schlimmeres, als das Gegenüber merken zu lassen, dass das Selbstbewusstsein gemeinsam mit dem Mantel an der Garderobe abgegeben wurde. Schätzen Sie die eigenen Bedürfnisse und die des Verhandlungspartners allumfassend ein, wird es selten einen Verlierer geben, sondern nur zwei Gewinner. Der große Jahrhundertdirigent Sir Georg Solti sagte einmal zu mir: »Die Auswirkungen meines Verhandlungsgeschicks konnte ich daraus ableiten, ob ich mit dem Taxi (als Selbstzahler) wieder ins Hotel zurückfahren musste oder mit dem Chauffeur zum Hotel gefahren wurde.« Gewonnen hat man dann, wenn alle unter dem Strich zufrieden sind.

Thomas M. Stein

Top-Manager, Experte der Unterhaltungsbranche und Trendsetter

Einführung

»Verhandeln, um zu siegen«. Ein ungewöhnlicher Titel für ein Buch, in dem ich Ihnen zeige, wie Sie Ihre eigenen Verhandlungsstrategien verbessern können – um letztendlich als Sieger, als ein Gewinner, aus Ihrem Verkaufsgespräch zu gehen. Das widerspricht der »Win-Win-Einstellung« bei Verhandlungen, die in den letzten Jahren im Verkaufsbusiness immer populärer geworden ist.

Die »Win-Win-Strategie«, auch Doppelsieg-Strategie genannt, hat zum Ziel, dass bei einer Verhandlung für alle Beteiligten ein Nutzen generiert wird. Das Prinzip wurde in den 1980er-Jahren an der US-amerikanischen Harvard-Universität zur Überwindung von Konflikten bei Verhandlungen entwickelt. Noch immer ist diese Methode weit verbreitet und ihre Sinnhaftigkeit wird auch von Wirtschaftswissenschaftlern vertreten: Eine Verhandlung ist nur erfolgreich, wenn beide Parteien mit einem Gewinn aus den Gesprächen gehen, es also keinen Verlierer gibt. Da heutzutage viele Unternehmen auf hartes Verhandeln setzen, ist es häufig so, dass einer der Verhandlungspartner schnell die Oberhand gewinnt. Doch das führt schnell zu festgefahrenen Positionen: Einer ist unterlegen, der andere überlegen. Eine Win-Win-Einstellung entwickelt sich dann besonders für den Unterlegenen schnell zur Falle!

Meine Erfahrungen als Verhandler haben mir gezeigt, dass diese Art der Verhandlung in der Regel zumindest für einen der Partner mit nicht zufriedenstellenden Ergebnissen endet. Um solch unbefriedigende Verhandlungen zu vermeiden, empfehlen etliche Experten, die Gespräche bei kritischen Verhandlungspunkten auf eine hypothetische Ebene im Sinne von »was, wäre wenn?« zu heben, um damit Einwände oder Gegenargumentationen für einen Augenblick auszublenden.

> Eine Win-Win-Einstellung entwickelt sich besonders für den Unterlegenen schnell zur Falle!

Diese versperren oft den Blick auf mögliche Perspektiven, die sich durch ideale Voraussetzungen ergeben:

- Man nehme hypothetisch die Bedingungen des Verhandlungspartners an, damit diesem die inakzeptablen Konsequenzen dieser Bedingungen deutlich werden,
- man möge um einen Vorschlag bitten, was getan werden müsse, damit die Verhandlungen in seinem Sinn fortgeführt werden, so dass er verstehen kann, welche Folgen ein solches Verhandlungsergebnis für Sie hat,
- man solle, falls diese Maßnahmen scheitern, einen Mediator hinzuzuziehen.

Auf den ersten Blick scheinen diese Expertenvorschläge vernünftig zu sein. Der Gegner will nicht einlenken, also versucht man, ihn weiterhin am Tisch zu behalten. Der Zweck: Man gewinnt Zeit, die unterbreiteten Bedingungen zu ändern, die sich als nachteilig in der Verhandlung erweisen. Man will diese Nachteile noch zum Vorteil wenden, damit man selbst nicht völlig ohne Ergebnis vom Verhandlungstisch aufsteht. Das Gefühl, man habe nichts erreicht oder letztendlich sogar ein Minus im Vergleich zu den eigenen Zielen erzielt, soll vermieden werden.

Bei einem Kompromiss bleibt ein ungutes Gefühl.

Das Ergebnis von Gesprächen, die auf diese Weise enden, wird dann als »Win-Win«-Situation bezeichnet: Der Gegner konnte einen Großteil seiner Bedingungen durchdrücken, man selbst betrachtet bereits die Tatsache, dass er nur einen Teil dieser Bedingungen durchsetzen konnte, als Gewinn für sich selbst. Aber Tatsache ist, dass ein solches Ergebnis ein Kompromiss ist und damit bleibt ein ungutes Gefühl.

Betrachtet man eine so verlaufene Verhandlung genauer, wird eines schnell klar: Damit eine solche »Win-Win«-Situation überhaupt erst entstehen kann, nimmt einer der beiden Verhandlungspartner von vornherein die überlegene Position ein, der andere wird in die unterlegene geschoben. Es kommt ebenso häufig vor, dass die eine Seite von vornherein die Gegenseite als übermächtig empfindet und die unterlegene Rolle annimmt, beispielsweise ein Wurstlieferant gegenüber einer Handelskette oder ein »einfacher« Kunde gegenüber der Kaufhausgruppe. Die Verhandlung, das Gespräch wird – egal, wie lange es letztendlich dauert – bereits in wenigen Sekunden entschieden. Vielleicht wird es sogar schon vor dem eigentlichen Treffen, noch vor der Begrüßung, entschieden: Wer es von vornherein schafft, sich in die überlegene Position zu bringen, hat das Gespräch schon gewonnen und kann nicht mehr verlieren. Er kann dem Verhandlungspartner die Bedingungen diktieren, so dass dieser es bereits als »Gewinn« verbuchen muss, wenn er am Ende des Gesprächs nicht schlechter dasteht als vorher. Das klingt verrückt in Ihren Ohren? Ist es auch, doch leider Tatsache, getreu dem Motto: »Es hätte ja noch schlimmer kommen können«. Dann wird eben intern versucht etwas an der Kostenschraube zu drehen oder man ist einfach mit ein bisschen weniger zufrieden. Fazit: Es sind keine Verhandlungen auf Augenhöhe mehr möglich.

Aber nicht nur für den Unterlegenen hat diese Verhandlungspraxis Nachteile. Auch für den (vermeintlich) Überlegenen kann sich manchmal die gute Position ins Gegenteil verkehren: Ein auf den ersten Blick gutes Geschäft erweist sich auf lange Sicht als Verlustgeschäft, da man buchstäblich »ohne Rücksicht auf Verluste« für die eigenen Vorteile sorgte. Ein »schnelles« Geschäft hat sich selten ausgezahlt.

Ich erlebe nahezu täglich diese Art von Verhandlungen in der Wirtschaft. Sie selbst werden ein solches Szenario sicher aus Ihrer eigenen Berufspraxis, aber auch von privaten Verhandlungen her kennen. Besonders große Unternehmen verfolgten in den letzten Jahren zunehmend eine solche Praxis. Nehmen wir ein Beispiel aus der Automobilbranche.

Ein schnelles Geschäft zahlt sich selten aus.

Jahrelang wurde von einem großen Automobilhersteller Druck auf die Zulieferer ausgeübt. Billiger sollten die Waren werden, so dass das Endprodukt – das Auto – trotz aller Innovationen und Neuerungen für den Käufer ebenfalls billiger angeboten werden konnte und die Marge für den Hersteller größer. Doch irgendwann konnten die Lieferanten den billigen Preis ihrer Produkte nicht mehr halten. Das Automobilwerk trat dennoch aggressiv auf. Es versuchte, einen dieser Lieferanten zu noch weiteren Zugeständnissen zu überreden. 2014 stellte sich die Situation in der Autoindustrie so dar, dass gleich drei führende Autobauer, Sparprogramme ankündigten.[1] Damit sollten in erster Linie die Renditen durch das Erwirtschaften von noch mehr Gewinnen abgesichert werden.

Diese Vorgehensweise führte schon einmal dazu, dass Verhandlungen scheiterten. Und zwar auf eine Weise, die sich der Automobilhersteller wahrscheinlich nicht hatte träumen lassen: Statt seine Ware noch billiger abzugeben, wurde auch der letzte Lieferant, der das Produkt zu den geforderten Preisen hatte liefern können, insolvent. Selbst er konnte zuletzt die billigen Kosten nicht halten. Genaugenommen hatte ihn schon die vorherige Verhandlungsrunde in den Ruin getrieben.

Für den Autohersteller war das Ergebnis der durchgeführten Verhandlungen also nur oberflächlich »erfolgreich«. Alle Forderungen wurden zum eigenen Vorteil rücksichtslos durchgesetzt – auf den ersten Blick durchaus ein Gewinn!

Auf den ersten Blick ein Gewinn, dann ein gravierender Nachteil
Aber der Vorteil, den anderen gnadenlos heruntergedrückt zu haben, erwies sich schon bald als ein gravierender Nachteil im eigenen Lager. Nicht nur, dass der Automobilhersteller mit empfindlichen Qualitätseinbußen bei den entsprechenden Autoteilen zu kämpfen hatte (Rückrufe und millionenteure Nachrüstungen waren die Folge), er musste auch den Lieferanten stützen, beziehungsweise sich massiv an dem Unternehmen beteiligen, um es am Leben zu er-

halten, da sich kein Zulieferer fand, der zu den gewünschten Billig-Konditionen liefern konnte oder wollte.

Unter dem Strich zahlte der Automobilhersteller also drauf für das, was die Experten so häufig als »Win-Win« bezeichnen. Er hatte hohe finanzielle Einbußen; nicht nur, dass er in einen maroden Betrieb investieren musste, um ihn zu stützen. Er hatte zudem teure Rückrufaktionen und Nachbesserungen durchzuführen.

Ein weiteres Beispiel: Eine Supermarktkette hatte einen Lieferanten von Mineralwasser preislich so stark unter Druck gesetzt, dass der Mineralwasserbrunnen schließlich von der Supermarktkette übernommen wurde. Die Supermarktkette hatte sich in den Jahren zuvor in die Position als fast alleiniger Abnehmer manövriert und konnte so die Preise des Brunnenbetriebs extrem stark beeinflussen. Der Abfüller geriet in eine Preisdynamik, die ihn unter Druck setzte. Der Discounter musste die Situation ebenfalls neu bewerten. Schließlich übernahm die Supermarktkette in mehreren Schritten die gesamten Anteile des ehemaligen Lieferanten und ist seither Eigentümer mit allen Konsequenzen.[2] Sie sehen, die vermeintliche »Win-Win«-Strategie, die in den vergangenen Jahren zunehmend in verschiedene Branchen verfolgt wurde, erweist sich auf lange Sicht oft als das nachteilig.

Ich erlebe in meiner täglichen Arbeit, den Seminaren und Verhandlungen, häufig, dass eine Einteilung in »Überlegen« oder »Unterlegen« bereits weit vor der Verhandlung erfolgt und zu Nachteilen führt. Grund dafür ist nicht nur »ein Ruf« den ein Verhandlungspartner genießt. Es wird sich schlichtweg unzureichend auf die Verhandlungen vorbereitet. Zahlen und Fakten sind zu schwach, um der Win-Win-Falle zu entkommen und um aus einem scheinbar »übermächtigen Gegner« einen Verhandlungspartner auf Augenhöhe zu machen.

Die Einteilung in »überlegen« und »unterlegen« erfolgt schon vor der Verhandlung.

Selbst den anderen um Rat zu bitten, halte ich für völlig falsch. Geht der Partner vor wie oben beschrieben, ist es nutzlos, ihn nach seiner Meinung zu fragen. Er wird weiter ausschließlich seinen eigenen (kurzfristigen) Vorteil anstreben. Auch, wie von Harvard empfohlen, einen Mediator hinzuzuziehen, ist in einem solchen Fall vergeblich. Der Überlegene will seine Machtposition beibehalten. Es liegt ihm fern, diese abzuschwächen oder gar aufzugeben. Deswegen ist er an einem solchen Weg der Verhandlungsführung gar nicht interessiert.

Für den unterlegenen Verhandlungsgegner ergibt sich zusätzlich noch eine andere Überlegung: Durch einen Mediator könnte er ein Eingeständnis von Schwäche signalisieren. Er fürchtet um sein Gesicht. Außerdem müssen beide Parteien der Einbeziehung eines Mediators zustimmen. Das setzt eine große Offenlegung voraus. Die Rolle des Mediators ist ebenfalls schwierig. Um diese Verantwortung auszufüllen bedarf es oft sehr viel Insider- und Fachwissen. Egal wie man die verschiedenen Positionen betrachtet, der Hauptgrund gegen das Argument »Mediator« ist: Für die übermächtige Verhandlungsseite ist die Situation von Vorteil und wie gewünscht. Sie will – und muss in diesem Falle sogar – ihre Stärke und Überlegenheit ausspielen. Sonst würde sie Schwäche signalisieren und ihren Vorteil gefährden.

Tipps für scheinbar aussichtslose Situationen

Aus dieser »Win-Win«-Falle möchte ich Ihnen mit diesem Buch heraushelfen. Es stellt insofern eine Abgrenzung zur oben genannter Harvard-Theorie dar. Ich werde Ihnen Tipps an die Hand geben, wie Sie selbst in einer ausweglos erscheinenden Situation noch »das Ruder herumreißen« können. Dabei geht es nicht darum, eine Wende in der Verhandlung durch besondere Härte oder rigides Verhalten herbeizuführen. Zwischen den Extremen der Methode »eiserne Faust« auf der einen Seite und demütigem Verhandlungsverhalten anderseits liegt eine Vielzahl von Optionen. Diese gilt es zu erkennen und taktisch geschickt einzusetzen.

Es gibt jedoch Verhandler, die zur Erlangung ihrer Ziele unfair werden und bereit sind, unlautere Mittel und schmutzige Tricks einzusetzen. Stellen Sie sich einen Boxkampf vor: Hat einer der Boxer eine blutende Wunde über dem Auge – die Boxer sprechen hier von einem »Cut«, wird diese Schwächung bewusst ausgenutzt. Der Angeschlagene wird keineswegs geschont. Der Gegner versucht immer wieder, diese Stelle zu treffen: den Cut über dem Auge. Selbst wenn dies meist nicht zum direkten Sieg führt, so schwächt es den Gegner doch mit jedem Schlag. Die Blutung kann so stark werden, dass Blut in das Auge des Boxers fließt, der Boxer auf diesem Auge nichts mehr sieht und Schläge des Gegners nicht mehr parieren kann. Oder der Kampf wird abgebrochen: Entweder vom Ringarzt, um den Sportler vor gesundheitlichen Schäden zu schützen oder die eigene Ecke wirft das Handtuch und der Kampf wird für verloren erklärt. Am Ende zählt dann nur das Ergebnis – und das ist der Sieg.

Es ist mir wichtig, diesen Hinweis hier zu erwähnen. Zum eigenen Schutz ist es hilfreich, zu wissen, woran diese Verhandlungsgegner zu erkennen sind. Es gibt Möglichkeiten, sich dagegen zu wehren.

Konzentrieren Sie sich auf Ihre Stärken. Lernen Sie Ihren Verhandlungsgegner kennen! Studieren Sie ihn genau und finden Sie seine Schwächen. Bestimmen Sie das Spiel! Wenn das unmöglich ist, bestimmen auf jeden Fall Sie die Regeln. Stellt sich das ebenfalls als schwierig dar, versuchen Sie die Regeln zu Ihren Gunsten zu beeinflussen. Im Jahre 1976 gab es einen »Fight« zwischen dem Boxer *Muhammad Ali* und dem japanischen Ringer *Antonio Inoki*.[3] Die Fachpresse und die Mehrheit der Zuschauer überall auf der Welt, waren sich sicher, dass Muhammad Ali diesen Kampf für sich entscheiden würde. Es kam anders. Inoki stellte sich dem Kampf, der über die vollen 15 Runden ging, auf unkonventionelle Weise. Am Ende des Kampfes hatten beide Gegner ihr Gesicht wahren können.

Die Verhandlungsvorbereitung beginnt weit im Vorfeld

Die Vorbereitungen auf eine Verhandlung beginnen bereits weit im Vorfeld. Analysieren Sie neben den harten Fakten auch die Soft-Skills. Sammeln Sie Informationen. Überprüfen Sie Ihre Verhaltensmuster. Müssen Sie vielleicht etwas ändern, um der »Win-Win«-Falle zu entkommen? Anhand von praktischen Beispielen werde ich Ihnen erläutern, wie Sie effektiv vorgehen können und ermuntere Sie zum Üben. Nur was richtig einstudiert wurde, funktioniert auch im Ernstfall: der Verhandlung. Das gilt für Situationen im wirtschaftlichen Alltag wie im privaten Leben. Verhandelt wird schließlich immer und überall. Erfahren Sie, wie Sie in einer Verhandlung das für sich beste Ergebnis erreichen. Einen Überblick über die Thematiken, die Sie nachfolgend erwarten, gibt Abbildung 1.

Abbildung 1: Überblick über die Kapitel dieses Buchs

Begegnen Sie Ihrem Verhandlungsgegner auf Augenhöhe. Eine wirklich erfolgreiche Verhandlung entsteht dann, wenn alle Verhandlungsteilnehmer ein gutes Gefühl während der Gespräche haben und auch das Ergebnis ohne Unbehagen, ja sogar mit Zufriedenheit betrachten können; wenn alle ein Ergebnis erreicht haben, das ihnen langfristig zum Vorteil gereicht. Erfahren Sie in den nachfolgenden Kapiteln, wie Sie verhandeln müssen, um zu siegen, damit Sie und Ihre Verhandlungspartner eine wirkliche »Win-Win-Situation« erreichen und keinen unbefriedigenden Kompromiss!

Ihr
Kurt Georg Scheible

1 Das Briefing/Die Vorbereitung: »Wer redet mit wem über was?«

Ist Ihnen das auch schon passiert? Sie haben sich nach wochenlangen Überlegungen entschieden, ein neues Auto zu kaufen. Da dieser Entschluss die ganze Familie betrifft, kommen alle mit zur Verkaufsverhandlung im Autohaus. Im Verkaufsraum steht ein Modell, für das Sie sich sehr stark interessieren. Aus den Medien wissen Sie, dass beim Kauf eines Pkws sind bei entsprechendem Auftreten immer Preisnachlässe möglich sind.

Während Ihre Frau und Ihre Kinder den Wagen begeistert anschauen, beginnen Sie bereits mit dem Verkäufer die Verhandlungen. Als das Gespräch in die konkrete Phase Richtung Vertragsabschluss kommt, gehen Sie mit dem Autoverkäufer in sein Büro. Ihre Familie ist selbstverständlich dabei. Die Verkaufssumme wird hin und her diskutiert und endlich scheinen Sie Ihren Preis durchzusetzen. Der Vertreter des Autohauses stöhnt bei Ihrem Angebot. Da platzt eines von Ihren Kindern mit der Info heraus: »Papa, wir bekommen doch noch 5 000 Euro von Opa zum Auto dazu.«

Zu oft geht man unüberlegt in Verhandlungen. Diese Chance nutzt der Verkäufer und geht in die Offensive. Es wird für Sie schwer, an Ihrem Preisangebot festzuhalten. Unter dem Druck der Familie und der Verhandlungspanne geben Sie nach und akzeptieren einen geringeren Preisnachlass. So weit hätte es gar nicht kommen brauchen, wenn Sie sich auf die Verhandlung vorbereitet hätten.

Es handelt sich zwar hierbei um eine Situation aus dem Privatleben, doch passieren Verhandlungspannen ebenso im geschäftlichen Bereich. Zu oft geht man unüberlegt in Verhandlungen. Das habe ich in meinem Berufsleben immer wieder beobachten können. Fachlich ist alles bestens vorbereitet, aber die Frage »Wer soll bei dem Verhandlungsgespräch überhaupt Informationen bekommen und wer nicht?« wird ignoriert. Dabei ist von entscheidender Bedeutung, wer an dem Gespräch teilnimmt – und damit auch, dass man sich klarmacht, wer welche Informationen erhalten soll.

Bei allen Verhandlungen, Besprechungen oder Gesprächen gibt es zwei Parteien. Das sind »wir« und »die Anderen«. Dabei ist es völlig gleich, ob es sich um eine private Angelegenheit handelt oder um eine Geschäftsbeziehung. Oft hat jemand aus den eigenen Reihen Kontakt zur Gesprächspartei der »anderen«. Diese Konstellation muss vor allen anderen Überlegungen verinnerlicht sein! Auf dieser Basis fußt die anschließende Frage »Wer ist in unserem Team und wer davon braucht welche Informationen?« Es geht darum, Personen zu involvieren, die zu einem Gesprächsthema kompetent etwas beitragen, beziehungsweise die Sache fachlich unterstützen können. Dazu gehören durchaus Menschen, die zuarbeiten und damit indirekt Teil der Verhandlungsmannschaft sind. Sie erhalten später Informationen für sinnvolle Arbeitsaufträge. Unter diesen Gesichtspunkten stellen Sie Ihr Team zusammen.

1 Das Briefing/Die Vorbereitung

Ein einfaches Beispiel soll zeigen, was mit Ihrem Team gemeint ist. Ein großer Maschinenbaubetrieb benötigt eine neue Fräsmaschine. Zu entscheiden ist, welche Art von Maschine es sein muss. Es ist ratsam, dass bei dieser Besprechung neben dem Geschäftsführer auch der Werksleiter, der Verantwortliche des Einkaufs, aber auch Facharbeiter dabei sind. Jeder sollte zu diesem Thema sein Wissen, seine Bedenken und seine Empfehlung beitragen. Aus der Summe aller Informationen kann so die optimale Kaufentscheidung fallen. Fehlt eine Person, beispielsweise der Facharbeiter, der die Maschine später bedienen soll, schränken sich die Informationen ein. Der Facharbeiter kann Auskunft über den praktischen Arbeitsfluss, die Handhabung oder den Wartungsaufwand geben. Stellt sich später heraus, dass die neue Maschine unpraktisch in der Bedienbarkeit ist, hat das negative Folgen für die gesamte Produktion.

> Wer ist in unserem Team und wer braucht welche Informationen?

Wie schon gesagt, geht es bei Besprechungen jedoch auch darum, wer im eigenen Team keinesfalls dabei sein darf. Es geht im Vorfeld also hauptsächlich um die Klärung, wer mit wem in Beziehung steht. Es ist unvorteilhaft, wenn auf unkontrolliertem Wege Details an Personen gelangen, die gar nicht oder erst

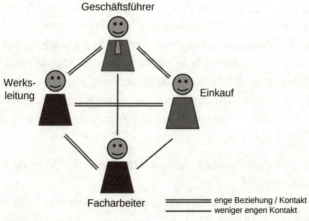

Abbildung 2: Mein Team

zu einem späteren Zeitpunkt in einen Informationsprozess eingebunden werden sollen. Ein Klassiker in der Wirtschaft ist der Warenhandel: Auf der einen Seite steht der eigene Vertrieb, auf der anderen der Einkauf des Kunden. Sie stehen in einer laufenden Geschäftsbeziehung: Der Einkauf bestellt beim Vertrieb und die Logistik liefert aus. Und mit dem Austausch der Waren fließen immer auch Informationen! Auch hier möchte ich ein Beispiel aus der Praxis geben:

Zeichnen Sie sich ein Schaubild auf! Während einer Betriebsbesprechung wird eine unumgängliche Preiserhöhung der produzierten Waren diskutiert. Wann diese umgesetzt wird, bleibt jedoch offen, denn es sind noch nicht alle Umstände bekannt. Trotzdem sickert diese interne Information aus der Konferenz »ungefiltert« in den gesamten Betrieb bis hin zur Logistik. Bei der Bereitstellung einer bestellten Ware erzählt der Logistiker dem Einkäufer des Kunden von den Überlegungen seines Unternehmens. Der Einkäufer des Kunden gibt diese Neuigkeiten wiederum an seine eigene Firmenleitung weiter.

Leider ist so etwas kein Einzelfall. Meldungen über Preiserhöhungen sorgen immer für Nervosität und wirken sich ungünstig auf Geschäftsbeziehungen aus. Um eine interne Betriebsbesprechung vorzubereiten, sollte man sich daher ein Schaubild aufzeichnen, das die Beziehungen aller Personen verdeutlicht, deren Informationen für eine Verhandlung wichtig werden könnten. Man sollte sich neben der internen Struktur des Unternehmens auch die Verknüpfungen der eigenen Firma zur Seite der Kunden ansehen: Wer hat parteiübergreifend Kontakt zu wem? Aus der Antwort auf diese Frage ergeben sich dann zwei Überlegungen:

- Können diese Verknüpfungen zum eigenen Vorteil zu genutzt werden?
- Wie kann vermieden werden, dass unerwünschte Informationen ausgetauscht werden?

1 Das Briefing/Die Vorbereitung

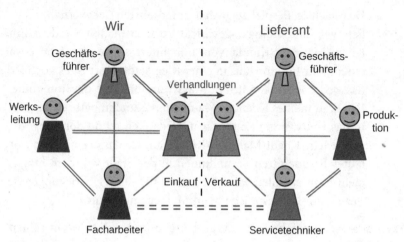

Abbildung 3: Die Teams

Wie man als Externer an wertvolle Details kommt, habe ich in meinem Unternehmen erfolgreich praktiziert. Ich habe als Unternehmer in der Regel mit der Geschäftsführungsebene oder mit dem Einkauf verhandelt. Mir war natürlich bei allen Gesprächen bewusst, dass meine Ansprechpartner auf einige meiner Fragen (zum Beispiel, wer außer mir noch welche Mengen und zu welchen Bedingungen Waren liefert) keine Antworten geben wollten. Aber ich hatte in meinem Unternehmen eigene Fahrer, die nicht nur mit Mitarbeitern des Lagers, sondern auch mit Mitarbeitern der Produktion in Verbindung standen. Diese Hintertür nutzte ich gezielt. Regelmäßig versorgten mich unsere Fahrer durch ihre eigenen Kontakte in das fremde Unternehmen mit den Informationen, die mir mein Geschäftspartner direkt nie gegeben hätte ... Ich wusste daher, wann Ware vom meinem Konkurrenten angeliefert wurde, die mein Unternehmen auch hätte liefern können. Das waren wertvolle Details, die später bei Verhandlungen zum Tragen kamen. Dieser Vorgang zeigt, wie man an Informationen herankommt, die an anderer Stelle verweigert werden.

So kommt man an Informationen, die an anderer Stelle verweigert werden.

Das nächste Bespiel zeigt den umgekehrten Sachverhalt, nämlich wie Mitteilungen geschickt zurückgehalten werden. Ein Klient/Mandant/Kunde von mir interessierte sich vor etwa einem Jahr für ein Haus in einer Kleinstadt. Dort ist es noch so, dass jeder jeden kennt. Ein Makler annoncierte die Immobilie. Die Frau meines Klienten/Mandanten/Kunden hatte sich sofort in das Haus verliebt und war in Gedanken schon dort eingezogen. Mein Klient/Mandant/Kunde ahnte, dass seine Frau vor lauter Freude ihren Freundinnen in der Stadt von dem möglichen Kauf erzählen würde. Das war für seine Überlegungen in Bezug auf die Gespräche beim Makler ungünstig.

So werden Informationen geschickt zurückgehalten. Er nahm seine Frau beiseite und weihte sie in seinen Plan ein. Mein Klient/Mandant/Kunde spekulierte auf einen Preisnachlass. Er bat seine Frau, niemandem etwas zu sagen. Würde sie ihren Freundinnen davon erzählen, dass sie bald in das neue Haus einziehen, könnte folgendes passieren: Die Freundinnen wären neugierig und würden sich das Haus ansehen wollen. Solche Dinge fallen einem Makler natürlich auf. Wenn also zu diesem Haus viele Exposés angefordert würden, signalisierte das dem Immobilienverkäufer gesteigertes Interesse. Folgerichtig könnte der Makler dem Hausbesitzer von der Akzeptierung eines Preisnachlasses abraten.

Das Briefing beinhaltet auch die Abwägung über den Ausschluss von Personen im Informationsprozess. Ist mehr als eine Partei am Haus interessiert, würden mehr Exposés angefordert und die Klickraten auf der Internetseite stiegen ebenfalls. Das sind Argumente, die die Verhandlungsposition aus Sicht meines Klient/Mandant/Kunde verschlechtert hätten. Seine Taktik: Stillschweigen bewahren. Je weniger Leute sich für das Haus interessieren, desto eher ist ein Rabatt zu erwirken.

Wie ich Ihnen an diesen Beispielen verdeutlichen wollte, sollte das vorbereitende Briefing zu einem Gespräch oder einer Verhandlung die Analyse folgender Dinge beinhalten: Wer gehört alles zu den »Sendern« einer Botschaft? Wer könnte Informationen in der Kommunikationskette besitzen, und wer sind die »Empfänger« dieser Informationen? Das Briefing beinhaltet deshalb durchaus auch die Abwägung über den Ausschluss von Personen im Informationsprozess.

Der Ausschluss von Personen bezieht sich auch auf die rein menschliche Ebene. Wie im privaten Leben gibt es auch in Unternehmen Konfliktpotenzial unter den verschiedenen Abteilungen oder Mitarbeitern. Einen typischen Konfliktherd bilden Verkauf und Produktion. Das betrifft keineswegs nur den klassischen Produktionsbereich wie Maschinenproduktion oder die Herstellung von Waren aller Art. Auch im Dienstleistungssektor ist Spannungspotenzial gegeben, beispielsweise in der Gastronomie zwischen Küche und Service. Der eine Teil des Unternehmens möchte etwas verkaufen, was der andere Bereich nicht produzieren kann. Das Gegenstück dazu ist die Produktion, die etwas herstellen möchte, das wiederum der Vertrieb schwer unter die Kundschaft bringen kann. Die Spannungen liegen auf der Hand.

Ganz kompliziert wird es, wenn zu dem ohnehin vorhandenen Konfliktfeld eine private Komponente hinzukommt. In einer von mir beratenen Firma war die stellvertretende Vertriebschefin gleichzeitig die Ehefrau eines Produktionsleiters. Die Firmenleitung kannte die Diskussionen zwischen Produktion und Vertrieb gerade in der Phase einer Produkteinführung auf dem Markt und beschloss, dieses Spannungsfeld zu umgehen. Sie hatte einige Prototypen eines Artikels herstellen lassen, ohne die Hintergründe zu erläutern. Die Verkaufsabteilung sollte am Markt das Interesse der Kundschaft erkunden. Diese Erkenntnisse waren Gegenstand einer Besprechung, und zwar ohne die Teilnahme der Produktion. Jedoch war die stellvertretende Vertriebschefin anwesend.

> Kompliziert wird es, wenn auch noch eine private Komponente hinzukommt.

Ohne großes Nachdenken erzählte die Vize-Verkaufsleiterin am Abend ihrem Mann, dem Produktionsleiter, von den Absichten der Geschäftsleitung. Natürlich war ein Konflikt die Folge – und er beschränkte sich nicht nur auf die Eheleute, sondern breitete sich auch auf deren Abteilungen und schließlich auf die Geschäftsführung aus. Zu Recht, denn der Abteilungsleiter der Produktion war bei den Gesprächen und Vorbereitungen zur Einführung des Produkts übergangen worden. Außerdem bekam er die Informationen nicht offiziell von dem Unternehmen mitgeteilt, sondern in einem privaten Gespräch nebenbei beim Abendessen. Zudem wurde das Vertrauen vom Abteilungsleiter des Vertriebs zu seiner Stellvertreterin schwer beschädigt – denn wie soll der Verantwortliche zukünftig mit dem Wissen umgehen, dass es ein potenzielles Informationsleck in seiner Abteilung gibt?

Aber auch die Geschäftsführung hätte den Interessen- und Parteienkonflikt der Ehefrau in die Überlegungen einbeziehen müssen. Es ist nur allzu menschlich, dass man sich im privaten Bereich gerade unter Eheleuten über den Geschäftsalltag unterhält. Die Geschäftsführer hätten also entweder die stellvertretende Vertriebsleiterin von den Vorgesprächen über die Produkteinführung ausschließen müssen oder gleich die Produktion einbinden sollen – selbst auf die Gefahr einer mühseligen Diskussion hin. Der entstandene massive geschäftliche Schaden hätte in beiden Fällen jedoch vermieden werden können.

Wer bei den Verhandlungsgesprächen dabei ist, ist auch im privaten Bereich planbar.

Die Vermeidung eines unerwünschten Verlaufs bei Verhandlungen durch entsprechendes Briefing – sprich die Entscheidung, wer ist bei den Verhandlungsgesprächen dabei – ist selbstverständlich auch im privaten Bereich planbar. Am Beispiel des Erwerbs der Immobilie zeigte ich schon, was die Eingrenzung des eingeweihten Personenkreises bedeutet. Ich möchte Ihnen aber auch eine Lösung für das eingangs erzählte Beispiel des Autokaufs zeigen.

Sicherlich ist der Kauf eines Wagens ein Familienereignis. Alle möchten dabei sein, sich das neue Auto ansehen und ihre Meinung dazu sagen. Dem Familienvater hätte jedoch bewusst sein müssen, dass seine Kinder sich unerwartet in das Gespräch einmischen können. Ein geschulter Verkäufer nutzt solche Gelegenheiten zu seinen Gunsten aus. Die sicherste Variante ist, dass die Familie sich an einem Tag gemeinsam den Wagen anschaut und der Familienvater an einem anderen Tag mit dem Verkäufer allein den Kaufpreis verhandelt. Eine andere Möglichkeit ist, dass der Mann mit seiner Frau das Vorgehen bespricht. Beispielsweise sehen sich alle das Fahrzeug an, kommt jedoch Verkaufspersonal hinzu, nimmt die Frau die Kinder und geht mit ihnen vor die Tür. Der Mann kann so auch ungestört in die Verhandlung gehen. Welche Variante schließlich zum Tragen kommt, ist eine Frage der Vorüberlegung und dann der Absprache.

Ihnen ist bestimmt aufgefallen, dass ich kurz den *geschulten* Verkäufer erwähnte. Ich möchte auf das »geschult« eingehen, da meine Überlegungen für Ihre zukünftigen Verhandlungen beim Einkauf nützlich sein können. Ein Verkäufer, der Verkaufen gelernt hat, beobachtet Sie. Er versteht Ihre Signale, die Sie zum Beispiel beim Betreten eines Showrooms aussenden. Wenn Sie unentschlossen sind, wirken Sie anders, als hätten Sie einen festen Kaufentschluss.

Ein Kaufentschluss bedeutet, Sie haben sich klar zum Kauf einer Sache entschlossen. Dem folgt die Verhandlung über den Kauf, der Kaufakt – also die Einigung zwischen Käufer und Verkäufer inklusive Übereignungsmodalitäten – schließt den Vorgang ab. Für den Verkäufer hat die feste Kaufabsicht den Vorteil, dass keine Zugeständnisse mehr gemacht werden müssen. Der Kunde sendet bewusst oder unbewusst das Signal aus: »Das will ich haben!« Schwingt beim Kunden eine gewisse Unentschlossenheit mit, wie »Ich könnte eine Sache kaufen, aber ich kann auch darauf verzichten«, ist der verkaufende Mitarbeiter in der ungünstigeren Position. Eventuell muss er im Verkaufsgespräch

> Wenn Sie unentschlossen sind, wirken Sie anders, als hätten Sie einen festen Kaufentschluss.

Zugeständnisse machen. Daher ist es wichtig, Botschaften in Richtung »Diesen Gegenstand will ich« auszuschließen – egal, von wem sie stammen.

Ein Briefing im Vorfeld legt nicht nur fest, wer Informationen weitergibt und an wen sie weitergegeben werden. Es legt auch die Positionen der Gesprächsteilnehmer fest – wie zum Beispiel: Wer ist der Verhandlungsführer? Diese Klärung fördert die Verhandlungslinie. Alle Beteiligten des eigenen Teams können sich entsprechend verhalten – ein »wildes Durcheinander« bleibt aus. Selbstverständlich kann in der Planungsphase besprochen werden, ob Rollen während des Gespräches getauscht werden. Das heißt, der zu Beginn einer Verhandlung erkennbare Gesprächsführer wechselt während des Besprechungsverlaufs mit einer anderen Person aus dem Team die Position. In der Regel bringt das die Gegenseite aus dem Konzept, was zum eigenen Vorteil genutzt werden kann.

Die wesentlichen Punkte des Briefings.

Zusammengefasst: die wesentlichen Punkte des Briefings, der Vorbereitung zu einer Verhandlung:

- Vermeiden Sie gerade beim Kauf einer Sache eindeutige Signale wie »Das will ich!«. Ihr Gegenüber braucht dann keine Zugeständnisse mehr machen.
- Überlegen Sie, bevor Sie in eine Verhandlung gehen, wie Ihr Team, das »Wir«-Team aussieht. Wen nehmen Sie zu den Gesprächen mit – unabhängig davon, ob es ein privater Anlass ist oder ob es sich um eine geschäftliche Besprechung handelt.
- Erstellen Sie eine Skizze, in der Sie die Beziehungen aller Personen des »Wir«-Teams zueinander darstellen.
  Fragen Sie sich anhand dieser Skizze:

  – Wer ist für die Verhandlungen wichtig?
  – Wer hat welche Informationen, die das Verhandlungsziel unterstützen?

- Welche Personen dürfen aus Gründen des Konfliktpotenzials auf keinen Fall Teil des »Wir«-Teams sein?
- Bevor Sie eine Person ausschließen: Überlegen Sie anhand Ihrer Skizze, ob durch diesen Ausschluss unnötige Spannungen entstehen könnten.
- Machen Sie sich Gedanken zu Ihrem Gesprächspartner – dem Team der »Anderen«.

Schauen Sie sich dazu Ihr Team an:

> Zugewiesene Rollen und Absprachen sind zwingend einzuhalten!

- Wer steht von meinem Team in Kontakt zum Team der Gegenseite?
- Wie sieht diese Verbindung aus?
- Ist es ein privater oder geschäftlicher Kontakt?

Bedenken Sie, in einigen Fällen ist es »sowohl/als auch«. Auch diese Gedanken tragen Sie in Ihre Beziehungsskizze ein.
- Sammeln Sie so viele Informationen wie möglich zu den Gesprächsbeteiligten.
- Anhand der Skizze können Sie nun verschiedene Positionen vom Verhandlungsführer bis zum stillen Beobachter sowie eine Regiereihenfolge festlegen.

Abschließend: Damit Ihr Briefing erfolgreich ist und die Verhandlung gelingt, muss allen Beteiligten des »Wir«-Teams bewusst sein, dass sowohl zugewiesene Rollen als auch Absprachen zwingend einzuhalten sind.

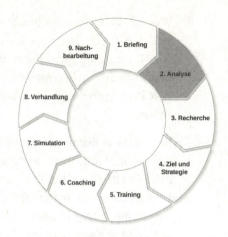

2 Analyse/Eigeninventur – »Auf welchen Wegen ist das gesteckte Ziel zu erreichen?«

Im ersten Kapitel haben Sie erfahren, wie wichtig es ist, vorbereitet in ein Verhandlungsgespräch zu gehen. Sie vermeiden damit, überrumpelt zu werden. Zu leicht verliert man die Kontrolle über das Geschehen und das Verhandlungsgespräch verläuft völlig anders, als man es sich gewünscht hat. Man erreicht das gewünschte Ziel nicht.

Doch wie sieht es aus, das eigene Ziel? Und gibt es nur eine Lösung? Meist gibt es mehr Möglichkeiten, als Sie im ersten Augenblick denken. Nehmen Sie sich die Zeit und reflektieren Sie, welche Lösungen sich außer der Naheliegendsten noch anbieten. Die Luftfahrt hat das vorbildlich gelöst. Die Notfallsysteme an Bord der Maschinen sind mehrfach abgesichert. Wenn ein System versagt, schaltet sich automatisch ein Ersatz zu. Selbst wenn also eine Lösung ausfallen sollte, gibt es für die Hauptversorgung eine dritte Alternative. Sollte ein System ausfallen, greift ein anderes und selbst dann gibt es weitere Optionen. Es gibt immer mehr Lösungen als nur die eine.

> Es gibt immer mehr Lösungen als nur die eine.

Wer an den Verhandlungen teilnehmen soll und wer nicht, sollten Sie sich daher vorher bewusst überlegen. Es ist ebenso von Bedeutung, sich selbst eingehend mit der Situation zu beschäftigen, in der man sich befindet. Dadurch machen Sie sich Ihre Erwartungen bewusst, die Sie an die Verhandlungen stellen.

Bei meinem Bekannten Hans stand neulich eine große Familienfeier an. Hans war entschlossen, sich aus diesem Anlass eine neue hochwertige Kamera zu kaufen. Schließlich wollte er die Erinnerungen gern festhalten. Mit diesem Gedanken fest vor Augen ging Hans in das nächstbeste Fachgeschäft, um eine entsprechende Kamera zu erstehen. Die Vielfalt auf dem Markt ist groß. Es gibt zahllose Modelle. Hans hatte eine ungefähre Vorstellung, für welchen Zweck er das erstklassige Gerät verwenden wollte.

Im Fachgeschäft hatte er dann die Qual der Wahl. Am Ende entschied sich Hans für irgendein Gerät und ging – immerhin stand die Familienfeier vor der Tür und es gab noch andere Dinge, die er erledigen musste.

Viele Menschen verhalten sich ähnlich wie Hans. Meistens sind sie mit ihrer Entscheidung zufrieden. Doch irgendein »komisches« Gefühl hat man trotzdem. Der Apparat war zwar hochwertig, aber das Gerät war auch entsprechend teuer. Man hat nach dem Kauf den Eindruck, dass es einige Makel gibt, die Sache unrund ist. Irgendetwas hat man übersehen, hätte man vermeiden oder beim Einkauf besser machen können. Man ist nicht richtig zufrieden, aber trotzdem überzeugt, dass man nichts besser hätte machen können.

PAHRE:
P=Problem
A=Aktion
H=Handlung
R=Resultat
E=Ergebnis

Hier ist folgendes passiert: Hans handelte nach einem gewohnten Muster. Er hatte ein Problem: die fehlende Kamera für die Familienfeier. Daraus folgte die Aktion. Hans beschloss, sich eine Kamera zu kaufen. Das setzte er in die Tat um, indem er ein Fachgeschäft mit der

Absicht aufsuchte, eine Videokamera zu erwerben. Das Ergebnis war, dass er zwar eine Kamera hatte, aber nicht ganz zufrieden war. Diesen speziellen Ablauf des Einkaufs nennt man »PAHRE«. Das steht für P=Problem, A=Aktion, H=Handlung, R=Resultat und E=Ergebnis. Bekannte Probleme oder Anforderungen werden meistens mit gelernten, beziehungsweise ebenfalls bekannten Aktionen angegangen. Die Folge ist ein Resultat, das ebenfalls bekannt – und vielleicht gar nicht erwünscht ist.

Das Problem besteht darin, dass man oft mit der Vorstellung in Verhandlungen geht, es gäbe nur eine Lösung, statt sich Alternativen zu überlegen. Mit dieser einen Lösung im Kopf erfolgt dann ein fast schon gewohnter Ablauf des eigenen Handelns, mit einem Ergebnis, das man schon fast erwartet. So hätte sich Hans trotz des Termindrucks überlegen können, was er zusätzlich zur Kamera benötigt. Es hätte ein Stativ sein können oder ein Zusatzakku. Mit diesen weiteren Optionen hätte Hans seinen Verhandlungsspielraum erweitert. Hätte Hans keinen direkten Preisnachlass auf das Gerät bekommen, hätte er durch die Nachfrage nach zum Beispiel einem Zusatzakku die Verhandlung erweitern können. Er hätte dem Händler sagen können: »Gut, wenn das Ihr Preis ist, hätte ich gern einen Zusatzakku dazu. Ist das möglich?« In einem solchen Fall ist der Händler am Zug, darauf zu antworten. Wie auch immer die Antwort ausfällt, nach »PAHRE« ist zwar das Problem noch das gleiche – Hans brauchte schnell eine Videokamera –, aber die Aktion wäre anders und entsprechend fällt auch das Ergebnis anders aus.

Trotz schlechter Erfahrungen gehen die meisten Menschen immer wieder aufs Neue ohne eine konkrete Idee oder Vorstellung in ein Verkaufsgespräch, beziehungsweise eine Verhandlung. Sie überlegen nicht, dass es auch Alternativen gibt. Dabei hat schon Albert Einstein gewusst: »Die reinste Form von Wahnsinn ist es, alles beim Alten zu lassen und gleichzeitig zu hoffen, dass sich etwas ändert.«

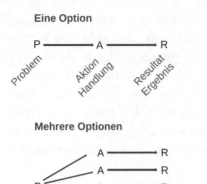

Abbildung 4: Eine Option - mehrere Optionen

Die meisten Menschen gehen immer wieder auf‹s Neue ohne eine konkrete Idee oder Vorstellung in eine Verhandlung.

Glaubt man dem berühmten Physiker, dann ist es verrückt, einfach so in einen Laden zu gehen und sich ohne Situationsanalyse darauf zu verlassen, dass man mit einem anständigen Ergebnis wieder hinausgeht. Stattdessen sollte man sich die Zeit nehmen und überlegen, was sich an dem altbekannten Vorgang ändern lässt? Das Ergebnis des Einkaufs soll eine Kamera sein, die das Familienfest auf unvergessliche Weise wiedergibt. Die Kamera selbst kann man im Fachgeschäft oder auch im Internet ohne Überlegung und ohne Recherche bekommen. Eine entsprechende Situationsanalyse findet daher gar nicht erst statt. Was ist aber, wenn man das Ergebnis ändern könnte? Eine bessere Kamera bekäme, mit Stativ, einem Weitwinkel oder einem Zusatzakku?

Haben Sie jemals über Alternativen nachgedacht?

Was erwarten Sie von einem Verkaufsgespräch, einer Verhandlung?

Es ist wichtig, sich vor einem Gespräch klarzumachen, dass es nicht nur den einen möglichen Ausgang des Gesprächs gibt! Es gibt immer einen Plan B, immer eine Alternative. Zumindest sollte es die geben! Selbst wenn man sich explizit vornimmt, den Preis für die gewünschte Kamera zu reduzieren, ist ein Rabatt nicht automatisch die einzige mögliche Lösung. Preisnachlässe können durchaus viele Formen annehmen. Vielleicht ist ein Naturalrabatt, zum Beispiel in Form eines Zusatzakkus oder einer weiteren Speicherkarte möglich? Ein Mengenrabatt kann auch in Betracht kommen. Was wäre, wenn mein Bekannter Hans in Begleitung seines Schwagers ins Fachgeschäft gegangen wäre? Sein Schwager Andreas hätte sich eventuell auch für eine Kamera interessiert. Hans hätte eine weitere Option für das Verkaufsgespräch gehabt.

Rabatte sind auch in Form von Sonderleistungen, wie ein zusätzliches halbes Garantiejahr, verhandelbar. Einer der Begriffe für solchermaßen erweiterte Angebote ist das »Packaging«. Auch das kann unter dem Strich das gewünschte Ergebnis – Besitz einer neuen Kamera – verbessern. Das Angebot wird also nicht nur für einen selbst, sondern auch für das Gegenüber – den Verhandlungspartner – erweitert. In diesem Fall ist es der Verkäufer. Ihm wird eine Möglichkeit gegeben, Ihnen auf anderem Wege entgegenzukommen als dem, der allgemein üblich ist. Es ist dennoch zu Ihren Gunsten. Doch dazu später mehr. Wichtig ist also, nicht nur die nächstliegende Alternative in Betracht zu ziehen, sondern gewissermaßen über den Tellerrand hinauszuschauen, und eine oder mehrere andere Möglichkeiten zu finden.

Rabatte sind auch in Form von Sonderleistungen verhandelbar.

Was für den »normalen« Verbraucher gilt, gilt auch für Unternehmen. Ein Beispiel: Ein großer Konzern verhandelt mit einem Energieversorger über Preise. Der Stromerzeuger ist nur bei einer bestimmten Stromabnahmemenge bereit, dem Abnehmer im Preis entgegenzukommen. Für den Kunden, in diesem Fall das Unternehmen, ist das Angebot inakzeptabel. Der Konzern droht dem Energieversorger gar mit einem Wechsel des Anbieters. Aus tariflichen Gründen kann der Stromkonzern jedoch nicht weiter über den Preis verhandeln. Stattdessen gewährt er seinem Kunden eine Preisgarantie in einem wirtschaftlich interessanten Rahmen: Der Stromversorger behält einen wichtigen Kunden und der Kunde kann selbst in Erwartung steigender Energiepreise mit einem stabilen und günstigen Preis über einen längeren Zeitrahmen kalkulieren.

Was wäre das schlechteste Ergebnis, das Sie sich vorstellen können? Natürlich ist der beste Zeitpunkt für diese Überlegungen vor dem eigentlichen Verkaufsgespräch. Das gilt für den Privatmann ebenso wie für Unternehmen. Die Analyse besteht also darin, sich mehrere Optionen zu überlegen. Wie könnte ein solches Gespräch ausgehen? Was sind die konkreten Erwartungen? Ist vielleicht sogar ein Nebengeschäft möglich, eines, dass sich aus dem eigentlichen Ziel zusätzlich ergeben könnte? Das gilt es zu bedenken und gegeneinander abzuwägen.

Bei dieser Analyse sollte man sich durchaus auch damit auseinandersetzen, wie für einen selbst denn der sogenannte »worst case« aussieht! Was wäre das schlechteste Ergebnis, das man sich in solch einem Verkaufsgespräch vorstellen kann? Wie sähe das Ergebnis aus, wenn man sich nicht einigt? Was hätte man zu verlieren?

Viele denken ungern über so ein »worst case«-Szenario nach. Damit ist oft der Gedanken des Scheiterns verbunden und natürlich scheitert niemand gern. Aber in diesem Fall, bei der Analyse vor einer Verhandlung, ist der Gedanke an das schlimmste Ergebnis durchaus sinnvoll für die Vorbereitung und für die Planung möglicher Optionen. Es ist absolut unnötig, sich davor zu fürchten.

Angewendet auf das Kamera-Beispiel bedeutet das, dass Hans ruhig die Möglichkeit hätte einbeziehen können, mit dem Verhandlungspartner oder Verkäufer uneins zu sein. Folgendes Szenario hätte sich ebenso ereignen können: Hans kann sich nicht mit dem Verkäufer einigen. Dieser möchte Hans aus verschiedenen Gründen keinen Rabatt, keinen Nachlass geben.

Nicht einmal eine zusätzliche Speicherkarte oder ein halbes Jahr Garantieverlängerung sind verhandelbar. Auf den ersten Blick wäre der schlimmste Fall, dass Hans in diesem Geschäft, bei diesem Verkaufsgespräch, keine Kamera erhält. Das sieht nach einem Ergebnis aus, dass keinen Erfolg zu beinhalten scheint.

Die Furcht vor diesem Gedanken ist jedoch unbegründet. Die Welt geht nicht unter, wenn keine Einigung erzielt wird. Das mag simpel klingen, jedoch ruft allein die Vorstellung eines negativen Verhandlungsausgangs oft Hemmnisse hervor. Wenn Sie, wie Hans, eine Kamera vor einem Familienfest kaufen möchten, dann ist die Situation bei genauer Betrachtung unter Umständen folgende: Es ist noch etwas Zeit bis zum Familienfest, schließlich ist das Fest nicht unmittelbar nach dem Kauf der Kamera. Es bestehen also noch andere Möglichkeiten, wenn das Verkaufsgespräch scheitert. Hans kann zum Beispiel in das nächste Fachgeschäft gehen und es dort noch einmal versuchen.

Allein die Vorstellung eines negativen Verhandlungsausgangs ruft oft Hemmnisse hervor.

Zwar verzögert sich dadurch, dass man die Verhandlung in einem anderen Fachgeschäft erneut beginnen muss, der Kauf der Kamera. Doch wiegt möglicherweise der Preisnachlass diese Verzögerung auf. Ein Nachdenken über diesen Umstand, diese Alternative, die sich aus dem »worst case« ergibt, lohnt sich für Ihr Portemonnaie also in jedem Fall. So gesehen ist es keinesfalls ein Misserfolg mehr, wie man auf den ersten Blick dachte. Sich zu überlegen, wie der größtmögliche, aber auch der weniger erwünschte Nutzen für einen selbst aussieht, ist also für die eigene Verhandlungsposition von ebenso großer Bedeutung wie das gewünschte Ergebnis selbst.

Ich möchte Ihnen ein weiteres Beispiel geben: Ein befreundeter Berufskollege wollte eine Messe in Köln besuchen und zu diesem Zweck ein Hotel vor Ort buchen. Harald hatte schnell herausgefunden, dass sich die Hotels in der nächsten Umgebung des Messegeländes und auch die in der Innenstadt natürlich den Gegebenheiten und der Situation angepasst hatten: Die Übernachtungen waren entsprechend teuer. Je weiter Harald sich jedoch bei der Suche nach einem Hotelzimmer vom Stadtteil Deutz entfernte, in dem sich das Messegelände befindet, desto günstiger wurden die Preise. Im Westen von Köln fand er dann Zimmer, die seinen Preisvorstellungen, beziehungsweise den Reisekostenrichtlinien seines Unternehmens eher entsprachen.

Doch das stellte ihn vor eine Entscheidung: Nimmt er eines der teuren Zimmer direkt in der Nähe der Messehallen und hat sein Arbeitsfeld direkt in Reichweite? Oder entscheidet er sich für ein Hotel, dessen Preise seinen Vorstellungen eher entgegenkommen? In dem Fall müsste er die teure und zeitraubende Anfahrt im Taxi quer durch die Kölner Innenstadt in Kauf nehmen und das nicht nur einmalig. In Haralds Fall wogen die wahrscheinlich notwendigen Taxifahrten das auf den ersten Blick billigere Hotelzimmer auf. Nach seiner Rechnung hätte er unterm Strich tatsächlich kein Geld gespart, hätte er das preiswertere Zimmer im Westen von Köln genommen.

Den ersten gesparten, beziehungsweise gewonnenen 100 Euro wird ein größerer Nutzen zugemessen als den nächsten 100 Euro.

Konkret hieß das: Harald hätte im Westen von Köln rund 50 Euro pro Übernachtung gespart. Dann müsste er jedoch mehrere Taxifahrten zur Messe, wieder zurück zum Hotel und Abends eventuell zu Terminen in der Innenstadt ebenfalls in diese Kostenrechnung einbeziehen. Hinzu kam, dass er verschiedene Termine durch den erhöhten Zeitaufwand nicht hätte einhalten können. Harald entschied sich letztendlich für ein teures Zimmer direkt neben dem Messegelände. So sparte er die Taxifahrten und konnte seine Termine einhalten. Unterm Strich fiel seine Reisekostenabrechnung geringer aus, als hätte er das billigere Zimmer am anderen Ende von Köln genommen.

Doch es gibt neben dem tatsächlichen Gewinn und Verlust auch einen »wahrgenommenen« oder »gefühlten« Gewinn und Verlust. So wird den ersten gesparten, beziehungsweise gewonnenen 100 Euro ein größerer Nutzen zugemessen als den nächsten 100 Euro. Der Gewinnnutzen nimmt also mit zunehmender Höhe der Gewinne ab. Bei den Verlusten verhält es sich ähnlich. Auch hier nimmt die Kurve des Verlustnutzens mit zunehmenden Verlusten ab. Verluste werden also mit steigender Höhe als weniger hoch wahrgenommen. Entscheidend ist jedoch, dass Verluste insgesamt als schlimmer oder höher wahrgenommen werden als der entsprechende positive Nutzen von Gewinnen.

Die Ausgaben für das teurere Hotel führen im Moment der Buchung zu einem gefühlt stärkeren Verlust, als die höhere Ersparnis – und das bei sicher positivem Nettonutzen. Die Begriffe Gewinnnutzen und Verlustnutzen gehen zurück auf die *Prospect Theory* des israelisch-US-amerikanischen Psychologen Daniel Kahneman und seines ebenfalls israelisch-US-amerikanischen Kollegen Amos Tversky. Anders gesagt: Menschen fürchten Verlust mehr, als sie Gewinn begrüßen. Das geht so weit, dass greifbare Vorteile nicht wahrgenommen werden, um die entferntere Chance des Versagens zu vermeiden.

Haben Sie also keine Angst davor, über etwaige Nachteile oder gar Verluste nachzudenken. Wenn Sie das tun, dann zeigt sich oft ein Vorteil in Ihrer Situation, der Sie Ihrem Ziel um einiges näher bringt. Konkret in Haralds Lage bedeutete das: Er nahm einen Nachteil (das teurere Zimmer) hin. Doch am Ende seiner Geschäftsreise hatte er Geld gespart.

> Menschen fürchten Verlust mehr, als sie Gewinn begrüßen.

Was ist das beste Ergebnis für einen selbst, wenn gar keine Einigung erfolgt? Diese Fragestellung ist ein wichtiger Punkt für die Vorab-Analyse! Diese Vorgehensweise wird BATNA-Verhandlungsstrategie genannt. Sie beschreibt die Methode des sachbezogenen Verhandels. BATNA ist die Abkürzung für »best alternative to a negotiated agreement«, also etwa »Beste Alternative zu einer verhandelten Einigung«. Der Begriff stammt aus dem an der Universität Harvard entwickelten Verhandlungskonzept von Roger Fisher und William Ury. Diesem liegt die Überlegung zugrunde, welche anderen Ergebnisse als das erwartete ein Gespräch haben könnte, beziehungsweise wo die Grenzen des nicht Verhandelbaren liegen. Beim Nachdenken über diese Punkte wird ebenso das bestmögliche Ergebnis deutlich. Schließlich tragen diese Überlegungen auch zur Stärkung der eigenen Position bei.

Auch Organisationen oder Institutionen wie Regierungen oder Gewerkschaften wenden die Vorgehensweise nach BATNA bei Verhandlungen an. Wer nicht unter Zeitdruck steht, nicht unter dem Druck, unter allen Umständen ein Verhandlungsergebnis erreichen zu müssen, der sitzt in der Regel am längeren Hebel! Nach der Bundestagswahl in Deutschland im September 2013 war zahlenmäßig das Ergebnis schnell klar. Die CDU/CSU hatte die Mehrheit. Dennoch reichte es nicht zur alleinigen Regierungsbildung. Sie brauchte einen Koalitionspartner. Dieser war rasch ausgemacht: die SPD. Dennoch zogen sich die Verhandlungen um die Koalitionsbedingungen über Monate hinweg hin.

Wägen Sie Lösungswege auch auf ihren Nutzen hin ab, beziehungsweise stellen Sie die eventuell entstehenden Kosten gegenüber.

Der Grund liegt auf der Hand: Beide Parteien konnten sich Zeit lassen. Sie kannten ihre anderen Möglichkeiten, falls die Verhandlungen scheitern. Das Ergebnis ihrer Verhandlungen war die Große Koalition. Es ging »nur« noch um die Bedingungen, unter denen diese Koalition halten sollte. Diese Gespräche zogen sich deshalb in die Länge, weil BATNA – die Alternative im Falle der Nicht-Einigung – Neuwahlen gewesen wären. Damit hätten beide Parteien nach Einschätzung von Beobachtern aber gut leben können. Es verschafft »Luft nach unten«, Bewegungsspielraum, auch eine gewisse Gelassenheit, wenn die Beteiligten an einer Verhandlung nicht unter dem Zwang stehen, sich einigen zu müssen.

Wenn man also während der Analyse der eigenen Situation über die verschiedenen Lösungswege nachdenkt, wie man an sein Ziel gelangen kann, sollte man diese Lösungswege auch auf ihren Nutzen hin abwägen, beziehungsweise die eventuell entstehenden Kosten gegeneinander stellen. Für die Analyse eines Gesprächs sind auch die Begleitumstände in Erwägung zu ziehen! Welche Auswirkungen hat das angestrebte, ursprüngliche Ziel in einem Gesamtkomplex? Was verursacht das Ergebnis der Verhandlungen?

Dieser Gesamtkomplex betrifft nicht nur die eigene Seite – das »Wir«-Team. Diese Sichtweise haben Sie ja schon im ersten Kapitel kennengelernt. Zur Stärkung der eigenen Position ist es sehr wohl von Bedeutung, wer an einer Verhandlung teilnimmt und wer ausgeschlossen werden sollte. Die Einteilung in ein »Wir«-Team und das Team der Anderen ist nicht nur sinnvoll, wenn es um die Teilnehmer an der Verhandlung oder dem Verkaufsgespräch geht.

Der sogenannte »Wahrnehmungspositionswechsel« kann der Analyse der eigenen Erwartungen durchaus auf die Sprünge helfen. Der Wahrnehmungspositionswechsel ist ein ganz bewusster Perspektivenwechsel. Man tritt dabei »in die Schuhe des anderen«, wie ein Sprichwort der Indianer besagt, und versucht die Situation mit dessen Augen zu sehen. Wie nimmt der Verhandlungspartner die Verhandlung wahr? Welchen Vorteil hat er? Wo könnte ein Nachteil für ihn entstehen? Wo liegen seine Risiken? Wie fühlt er sich dabei? Das hilft, nachzuvollziehen, warum die andere Verhandlungsseite mit uns/mir in Kontakt ist. Nimmt man also einen solchen Wahrnehmungspositionswechsel vor, ergibt sich schon fast automatisch ein sogenannter Packaging Deal.

> Nimmt man einen Wahrnehmungspositionswechsel vor, ergibt sich schon fast automatisch ein Packaging Deal.

Hier kommen Sie dem Verkäufer entgegen, indem Sie ihm einen Weg zeigen, Ihnen entgegenzukommen. Das setzt jedoch konkret die Analyse der Situation und der Optionen voraus. Stellen Sie sich vor, im Fachgeschäft stünden die Preise fest. Ein Nachlass, ein Rabatt ist nicht möglich – oder nur, wenn Sie eine größere Charge Kameras mitnähmen. Doch das entspricht natürlich nicht Ihrem Ziel.

Sie könnten einerseits das Gespräch an dem Punkt abbrechen. Es würde also keine Einigkeit erzielt. Nun können Sie auf eine der Möglichkeiten ausweichen, die Ihnen Ihre eingehende Analyse der Situation an die Hand gab, beispielsweise ein weiteres Fachgeschäft oder ein Second-Hand-Laden.

Aber es gibt noch eine andere Möglichkeit: Statt eine zweite Kamera zu kaufen, die notwendig wäre, um einen signifikanten Rabatt zu erzielen, schlagen Sie Ihrem Gegenüber konkret vor, dass Sie sich auch mit einer scheinbar geringeren Alternative zufrieden gäben. Erst jetzt weisen Sie darauf hin, dass Sie eine zweite Speicherkarte bräuchten, vielleicht auch einen zusätzlichen Satz Akkus oder – wegen starker Beanspruchung des Geräts – ein weiteres Garantiejahr. Das wären »geringere« Alternativen für Ihre gewünschte Lösung.

Für den Verkäufer ist das vielleicht eher möglich und Sie erhalten mehr als das, was Sie selbst zu Beginn für sich als Ziel definiert hatten. Der Wahrnehmungspositionswechsel gibt Ihnen also noch zusätzliche »Hints« (Hinweise) darauf, wie ein gutes Verhandlungsergebnis für Sie in Ihrem Fall aussehen könnte. Wichtig ist allerdings auch hier, dass Sie sich klarmachen, dass das gute Gefühl, das bekannte Bauchgefühl, entscheidet! Eine Verhandlung verläuft positiv und hat dann ein gutes Ergebnis, wenn alle an der Verhandlung Beteiligten – nicht nur Sie, sondern auch die Mitglieder Ihres »Wir«-Teams und das Team »der Anderen« – ein gutes Gefühl haben.

2 Analyse/Eigeninventur

Es ist durchaus sinnvoll, auf Ihren Verhandlungspartner einzugehen. Bei ihm sollte der Eindruck erweckt werden, er vergebe sich nichts, indem er Ihren Wünschen entgegenkommt. Verhandlungen können auch Freude bereiten. Man muss nur die verschiedenen Standpunkte beleuchten und verstehen, dann kann man Brücken bauen.

> Erwecken Sie den Eindruck, dass der Verhandlungsgegner sich nichts vergibt, indem er Ihren Wünschen entgegenkommt.

Am Ende all dieser Überlegungen kann also durchaus auch eine Änderung des eigenen Ziels stehen.

Bedenken Sie also vor dem Gespräch oder der Verhandlung folgende Punkte:

- Überlegen Sie – wie schon in Kapitel 1 angesprochen – wie Sie für sich das Ziel der geplanten Verhandlung oder des Gesprächs definieren.
- Machen Sie sich klar, dass es nie nur eine Lösung, nur ein Ergebnis der Verhandlung oder des Gesprächs geben kann.
- Keine Angst vor dem »worst case«! Halten Sie sich vor Augen, was das schlechteste Ergebnis wäre. Es hilft Ihnen dabei, Alternativen zu Ihrem Plan, Ihrem Ziel zu entwickeln – ganz nach dem BATNA-Prinzip.
- Bedenken Sie die Begleitumstände: Neben dem gewünschten Preis sind in einer Verhandlung oft auch andere Faktoren wichtig: Muss ich für das Ergebnis mehr Zeit berechnen – und habe ich diese? Ist meine persönliche Bequemlichkeit wichtig? Ziehen Sie dabei den persönlichen Nutzen, den Sie sich erhoffen, in die Überlegungen ein.
- Vergessen Sie nicht, die Kosten zu berechnen, die Sie bereit sind, in das gewünschte Ergebnis zu investieren – denn meistens gilt: Die Welt geht nicht unter, wenn keine Einigung erzielt wird. (Mit der Einschränkung, dass es nicht immer eine BATNA gibt, BATNA bedeutet hierbei »Beste Alternative außerhalb der Verhandlung ohne Verhandlungseinigung«).

> Die Welt geht nicht unter, wenn keine Einigung erzielt wird.

- Nehmen Sie einen Wahrnehmungspositionswechsel vor – betrachten Sie die Umstände aus der Position Ihres Verhandlungspartners.
- Schließen Sie ein Geschäft nur ab, wenn Sie sich damit gut fühlen. Eine Verhandlung ist nur dann gut, wenn alle an der Verhandlung Beteiligten ein gutes Gefühl beim erzielten Ergebnis haben.
- Sorgen Sie dafür, dass Ihr Gegenüber ein gutes Gefühl hat.

Beziehen Sie diese Faktoren in Ihre Gesprächsanalyse ein, ergeben sich neben dem »Masterplan« auch andere Lösungswege. Sie können also Plan B, Plan C oder vielleicht sogar Plan D einsetzen. Haben Sie diese im Hinterkopf, fällt es Ihnen leichter, entspannt ins Gespräch oder die Verhandlung zu gehen – und Sie sind für den Fall der Fälle gerüstet.

2 Analyse/Eigeninventur

Es ist durchaus sinnvoll, auf Ihren Verhandlungspartner einzugehen. Bei ihm sollte der Eindruck erweckt werden, er vergebe sich nichts, indem er Ihren Wünschen entgegenkommt. Verhandlungen können auch Freude bereiten. Man muss nur die verschiedenen Standpunkte beleuchten und verstehen, dann kann man Brücken bauen.

Erwecken Sie den Eindruck, dass der Verhandlungsgegner sich nichts vergibt, indem er Ihren Wünschen entgegenkommt.

Am Ende all dieser Überlegungen kann also durchaus auch eine Änderung des eigenen Ziels stehen.

Bedenken Sie also vor dem Gespräch oder der Verhandlung folgende Punkte:

- Überlegen Sie – wie schon in Kapitel 1 angesprochen – wie Sie für sich das Ziel der geplanten Verhandlung oder des Gesprächs definieren.
- Machen Sie sich klar, dass es nie nur eine Lösung, nur ein Ergebnis der Verhandlung oder des Gesprächs geben kann.
- Keine Angst vor dem »worst case«! Halten Sie sich vor Augen, was das schlechteste Ergebnis wäre. Es hilft Ihnen dabei, Alternativen zu Ihrem Plan, Ihrem Ziel zu entwickeln – ganz nach dem BATNA-Prinzip.
- Bedenken Sie die Begleitumstände: Neben dem gewünschten Preis sind in einer Verhandlung oft auch andere Faktoren wichtig: Muss ich für das Ergebnis mehr Zeit berechnen – und habe ich diese? Ist meine persönliche Bequemlichkeit wichtig? Ziehen Sie dabei den persönlichen Nutzen, den Sie sich erhoffen, in die Überlegungen ein.
- Vergessen Sie nicht, die Kosten zu berechnen, die Sie bereit sind, in das gewünschte Ergebnis zu investieren – denn meistens gilt: Die Welt geht nicht unter, wenn keine Einigung erzielt wird. (Mit der Einschränkung, dass es nicht immer eine BATNA gibt, BATNA bedeutet hierbei »Beste Alternative außerhalb der Verhandlung ohne Verhandlungseinigung«).

Die Welt geht nicht unter, wenn keine Einigung erzielt wird.

- Nehmen Sie einen Wahrnehmungspositionswechsel vor – betrachten Sie die Umstände aus der Position Ihres Verhandlungspartners.
- Schließen Sie ein Geschäft nur ab, wenn Sie sich damit gut fühlen. Eine Verhandlung ist nur dann gut, wenn alle an der Verhandlung Beteiligten ein gutes Gefühl beim erzielten Ergebnis haben.
- Sorgen Sie dafür, dass Ihr Gegenüber ein gutes Gefühl hat.

Beziehen Sie diese Faktoren in Ihre Gesprächsanalyse ein, ergeben sich neben dem »Masterplan« auch andere Lösungswege. Sie können also Plan B, Plan C oder vielleicht sogar Plan D einsetzen. Haben Sie diese im Hinterkopf, fällt es Ihnen leichter, entspannt ins Gespräch oder die Verhandlung zu gehen – und Sie sind für den Fall der Fälle gerüstet.

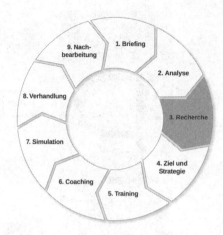

3 Die Recherche: Information ist Macht!

Wie im vorherigen Kapitel bereits einmal angesprochen, gehen viele Menschen in eine Verhandlung, ohne zu wissen, auf wen sie treffen. Sie machen sich keine Gedanken über das, was in dem bevorstehenden Gespräch wohl passieren könnte. Sie handeln, ohne nachzudenken, beziehungsweise ohne verschiedene Szenarien zu reflektieren. Dabei ist die Analyse der bevorstehenden Verhandlung das »A und O« des Erfolgs. Sie sollten sich bewusst sein, dass Sie immer mehrere Optionen haben, wenn Sie in eine Verhandlung gehen. Diese Möglichkeiten sollten Sie genau kennen.

Es gibt ein Schema, das diese Thematik charakterisiert. Es nennt sich »PAHO«. Dahinter verbirgt sich, dass aus einem Problem (P) Aktionen (A) erfolgen, die Handlungen (H) und somit mehrere Optionen (O) nach sich ziehen können. Das Schaubild in Abbildung 5 verdeutlich das noch einmal.

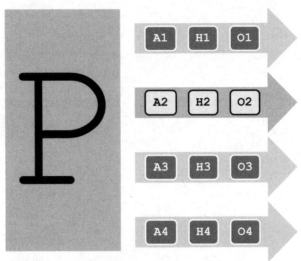

Abbildung 5: Das PAHO-Schema

Die Analyse der bevorstehenden Verhandlung ist das »A und O« des Erfolgs.

Nehmen wir also an, dass Sie sich aufgrund der genauen Analyse dessen, was Sie erreichen wollen, drei Optionen notiert haben. Es sind drei Richtungen, die die bevorstehenden Gespräche einschlagen können. Selbstverständlich nehmen Sie von jeder dieser Optionen an, dass sie eintreten könnte. Sie wären also nicht überrascht, wenn eine von den Optionen eintrifft. Doch: Die Kenntnisse dieser drei Optionen ist nur dann nützlich, wenn sie gründlich recherchiert wurden.

Alle Informationen, die einer Verhandlung oder einem Verkaufsgespräch zugrunde liegen, sind der Eisberg. Recherchiert wird von den meisten Menschen jedoch nicht der gesamte Eisberg, sondern nur die (sichtbare) Spitze. Die ist aber nur ein Bruchteil des ganzen Bergs. Die finanziellen Informationen, die Spitze also, haben viele Geschäftsleute sehr gut im Kopf. Häufig wird mit Zahlen jongliert, mit Statistiken und Fakten. Die eigenen sowie die Verkaufszahlen des Gegners können buchstäblich im Schlaf heruntergebetet werden. Firmenumsätze, Marktanteile, Namen der Entscheider – das alles wird aus dem »Effeff« beherrscht. Man kann diese Ebene auch als »ZDF« bezeichnen, was für Zahlen, Daten und Fakten steht. Es ist die Sachebene, die die Spitze des Eisbergs bildet.

Natürlich sind diese Zahlen wichtig, sind sie doch Indikatoren dafür, wie das Unternehmen, der Verhandlungspartner, am Markt platziert ist und ob sich ein Geschäft überhaupt lohnt. Aber trotz dieses umfassenden Wissens werden bei Verhandlungen oft elementare Grundsätze außer Acht gelassen. Einer davon ist der menschliche Faktor – nämlich: Wer ist Ihr Gegner, beziehungsweise Ihr Verhandlungspartner?

Sie sollten also neben den Umsätzen und den Marktanteilen Ihres Verhandlungspartners weitere Informationen recherchieren. Das betrifft auch die Person, mit der Sie direkt verhandeln. Dazu zählen scheinbar weniger bedeutsame Hinweise, wie solche über das Umfeld des Geschäfts- oder Verhandlungspartners, den geschäftlichen Rahmen seines Unternehmens, aber auch Infos über Mitarbeiter oder über Hobbys oder Familie können Ihnen von Nutzen sein. Dabei sollten Sie auch auf Hinweise achten, die Ihnen vielleicht im ersten Moment nicht relevant erscheinen. Um bei dem Sinnbild des Eisbergs zu bleiben, handelt es sich hierbei also um den Teil, der unterhalb der Wasseroberfläche verborgen ist. Dieser »unsichtbare« Teil des Eisbergs steht für die Beziehungsebene und beinhaltet Fragen wie: Was mag diese Person? Was hasst sie? Welche Werte hat der Gesprächspartner? Was ist seine Einstellung? Für Verhandlungen sind das alles ebenso wichtige Faktoren wie die eingangs genannten. Sie bleiben jedoch oft unberücksichtigt.

> Trotz umfassenden Wissens werden bei Verhandlungen oft elementare Grundsätze außer Acht gelassen.

Ein Kunde von mir, Christian, wollte zusammen mit seiner Frau Barbara ein Haus kaufen. Christian plante den Kauf strategisch. Da es sich um seinen Heimatort handelte und er viele Leute kannte, bat er seine Frau, ihren Freundinnen nichts zu erzählen, um einen Preisvorteil erhandeln zu können. Er hatte die

Befürchtung, dass das von seiner Frau Barbara bekundete Interesse auch deren Freundinnen auf das Objekt aufmerksam machen könnte. Wenn diese nun auch ein Exposé des Hauses bestellen, würde das dem Makler signalisieren, dass das Haus ein begehrteres Objekt war als die anderen von ihm angebotenen Immobilien. Es bestand die Gefahr, dass allein aus diesem Grund der Kaufpreis steigen könnte.

Christian gab sich mit den Ergebnissen seiner ersten Recherchen noch nicht zufrieden. Er tat noch mehr und befasste sich näher mit der Geschichte des begehrten Hauses. Zufällig befand sich in seinem Freundeskreis ein Architekt, den er natürlich sofort kontaktierte. War es wohl möglich, dass sein Freund wusste, wer das Haus entworfen hatte? War derjenige vielleicht für Besonderheiten oder gar Schwächen beim Bau bekannt?

Eine Recherche beschränkt sich nie ausschließlich auf den Verhandlungspartner.

Als der Tag der Verkaufsverhandlung mit dem Makler nahte, hatte Christian einen entscheidenden Informationsvorteil. Er wusste, dass sich der Vorbesitzer seines Wunschhauses sehr für schnelle Autos interessierte. Auch Christian hatte diese Leidenschaft. Weiter konnte er in Erfahrung bringen, dass die Häuser des zuständigen Architektenbüros häufig Probleme mit der Wärmedämmung des Daches haben.

Er hatte also die Möglichkeit, den Makler direkt auf die Wärmedämmung des Hauses hin anzusprechen, so dass er diese genauer in Augenschein nehmen konnte. Für Christian ergaben sich aus dieser Information zwei Möglichkeiten, wie diese Kenntnis genutzt werden konnte: Entweder die Dämmung war wirklich nicht in Ordnung, dann hätte er einen Preisvorteil erwirken können, da diese natürlich vor dem Einzug instandgesetzt werden musste. Hätte die Dämmung den Kriterien entsprochen, hätte Christian dennoch in den Augen des Maklers Kompetenz bewiesen. Ein Vertrauensverhältnis wäre entstanden, in dem sich Preisverhandlungen wesentlich einfacher führen lassen. Das Beispiel zeigt, dass sich eine Recherche nie nur direkt auf den Verhandlungspartner beschränken sollte, den Sie sehen. Sie laufen so Gefahr, nur die Spitze des Eisbergs zu sehen.

Abbildung 6 veranschaulicht die drei Ebenen, auf denen die Recherche durchgeführt werden sollte. Da ist als zunächst der größte Kreis außen. Das ist die Branche, die recherchiert werden muss. Über diese sollte man möglichst viel wissen. Entscheidend ist auch hier, dass neben den Zahlen weitere Aspekte in Erfahrung gebracht werden! Auch persönlichere Nachrichten können sich als bedeutsam erweisen. Das sind beispielsweise Artikel in Zeitungen über Auszeichnungen von Mitarbeitern oder soziales Engagement des Unternehmens in der Region. Es können aber auch allgemeinere Informationen wie diese sein: Ist der Kunde zum Beispiel eine Brauerei, dann kann eine allgemeine Nachricht, beispielsweise im Internet, dass Brauereien vom Kartellamt wegen Preisabsprachen zurechtgewiesen und abgestraft wurden, durchaus von Bedeutung werden. Wichtig wäre in diesem Zusammenhang, ob der Kunde ebenfalls davon betroffen ist.

Auf diesen drei Ebenen sollten Sie Ihre Recherche durchführen.

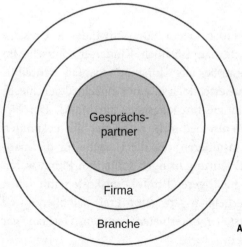

Abbildung 6: Recherche-Ebenen

Wenn ja, wie hoch ist die Strafe? Das könnte die eigenen Geschäftsinteressen beeinflussen!

Natürlich sollte das gesammelte Wissen, dass man sich auf diese Weise erwirbt, nicht unbedingt als »Waffe« in einer Verhandlung benutzt werden. Das »gute Gefühl« des Gegenübers kann sehr darunter leiden! Das heißt aber nicht, dass diese Information nutzlos ist. Es kann schon von Vorteil sein, einfach nur zu wissen, ob der potenzielle Geschäftspartner in die Sache mit dem Kartellamt verwickelt ist oder nicht. Das Tappen in Fettnäpfchen wird so vermieden – es würde das Geschäftsklima unerfreulich werden lassen und damit für Sie selbst zum Nachteil werden.

Die menschliche Seite darf nie außer Acht gelassen werden. Die zweite Ebene nach der Branchenebene, auf der recherchiert werden muss, ist die Firmenebene. Auch hier soll nachfolgend ein Beispiel veranschaulichen, wie sinnvoll eine solche Recherche ist. Das betrifft nicht nur die Bedeutung von Sachfragen, sondern auch die menschliche Seite – denn die darf nie außer Acht gelassen werden. Oft führt die Recherche der oberen Ebene, eine reine Sachfrage, zu einem sehr persönlichen, kleinteiligen Rädchen im gesamten Getriebe.

Ein Hersteller von Kindermöbeln hatte schwindende Umsätze zu beklagen. Er führte hauptsächlich Kinderschreibtische im Angebot. Ein Wettbewerber aus China, der ebenfalls Schreibtische dieser Art produzierte, doch in einer entschieden schlechteren Qualität, verdrängte ihn langsam vom Markt. Der Firmeninhaber Ludwig entschied sich, einen mir gut bekannten Berufskollegen zu konsultieren, der die Ursache für die mangelnden Absätze in Erfahrung bringen sollte. Ein Punkt waren sicher die wesentlich niedrigeren Produktionskosten, mit denen die Chinesen einen erheblich geringeren Preis kalkulieren und so den hiesigen Hersteller unterbieten konnten. Darüber war sich Ludwig im Klaren.

3 Die Recherche

Trotzdem zeigten Marktforschungen immer wieder, dass sich die Kunden durchaus ein Qualitätsprodukt wünschten. Schließlich geht es um die eigenen Kinder und da ist bekanntlich das Beste gerade gut genug. Die Kunden sind in der Regel bereit, dafür entsprechend zu zahlen. Also konnte der billige Preis der Konkurrenz nicht die alleinige Antwort auf das Problem des schwindenden Umsatzes sein. Aber wo war dann der Haken, fragte sich der Firmeninhaber Ludwig? Warum wurden die Umsätze schlechter statt besser?

Die in Auftrag gegebene Analyse fand folgendes heraus: Möbelhäuser sind sehr großflächig. Der erste Gang der Kunden führte also oft zum Infostand, gleich hinter dem Eingang. Hier stellten die Kunden die direkte Frage, wo man Kinderschreibtische findet. Die Antwort in den Möbelhäusern war häufig: Kindereinrichtungsgegenstände befinden sich »hier und dort« im Haus oder in der Kindermöbelabteilung – und natürlich auch besondere Angebote auf der Aktionsfläche gleich »hier vorn«. Dort standen die Schreibtische des Anbieters aus Fernost. Die hochwertigeren Schreibtische von Ludwig kamen so natürlich nicht zum Zuge, denn die wurden in der Regel im speziellen Shop-in-Shop präsentiert.

Die entscheidenden Hinweise kommen oft von Menschen, die man leicht unterschätzt.

Bei so einer Auskunft schauen die meisten Kunden zuerst in der Aktionsfläche, werden dort fündig und haben gar nicht die Chance, die hochwertigen Schreibtische und Stühle von Ludwig selbst in Augenschein zu nehmen.

Die empfohlene Strategie des Unternehmensberaters lief unter dem Motto: »Ein guter Rat von einem Freund, der Infopoint-Beraterin, beziehungsweise dem Infopoint-Berater«. Ludwig wies seine Mitarbeiter im Vertrieb an, den Mitarbeitern am Infopoint in den Möbelhäusern ihren Kunden auf Nachfrage folgende Auskunft zu geben: »Gleich hier vorne sind welche (oder noch krasser: Billige) im Angebot. Aber hochwertige Markenschreibtische wie die von »Ludwig« finden Sie in der Fachabteilung im ersten Stock. Die sind »Made in Germany«, wachsen mit und haben fünf Jahre Garantie.«

Mit dieser Strategie begannen die Umsätze von Ludwig wieder zu steigen und auch die Möbelhäuser profitierten schließlich davon – ihr Ruf in Sachen »kompetente Beratung« wurde aufpoliert. Wichtig sind also oft die Informationen, die man leicht übersieht oder als unbedeutend einstuft. Die wahrhaft entscheidenden Hinweise kommen oft von Menschen, die man leicht unterschätzt oder die an maßgeblicher Stelle nicht für relevant gehalten werden.

Das bringt uns zu der dritten Ebene: der dritte Kreis in Abbildung 6. Er ist der innerste Kreis und damit gewissermaßen der Kern der Nachforschungen. Es geht um den Menschen, mit dem Sie es zu tun bekommen werden.

Die Übergänge zwischen diesen Ebenen oder Kreisen, wie sie in Abbildung 6 dargestellt sind, sind fließend. Das letzte Beispiel zeigte das schon. Gleichgültig, auf welcher Ebene Sie sich befinden, sollten Sie sich bewusst machen, dass es Menschen sind, mit denen Sie verhandeln. In Ihrem Verkaufsgespräch, in der bevorstehenden Verhandlung, sind Ihre Gesprächspartner keine gesichtslosen Firmen, sondern Personen wie Sie. Es sind Menschen, auf die man sich mit dem bevorstehenden Gespräch einlässt – Menschen, die das Recht haben, als solche behandelt zu werden. Das wird leider oft vergessen.

Es ist elementar, sich auch und ganz besonders mit dem Team der »Anderen« zu beschäftigen.

Es ist also elementar, dass Sie sich nicht nur mit dem »Wir«-Team beschäftigen, sondern auch und ganz besonders mit dem Team der »Anderen«. Ich ging bereits im ersten Kapitel darauf ein. Nicht nur die Fakten über die Firma selbst sind von Bedeutung, sondern auch die Person, die die Verhandlung mit Ihnen in die Hand genommen hat. Beschäftigen Sie sich im Vorfeld deshalb mit Fragen wie: Was hat mein Gesprächspartner innerhalb des Unternehmens zu tun? Wer ist er? Was hat er vorher gemacht, welche Funktionen hat er jetzt inne? Wer kennt ihn und mit wem hatte er Kontakt? Das bezieht sich sowohl auf das Geschäftliche als auch auf den privaten Bereich. Welche Vorlieben besitzt er, betreibt er ein Hobby, hat er Familie und schließlich: gibt es etwas, womit ich meinen Gesprächspartner freudig überraschen kann? Mit diesen Informationen ausgestattet kann man eine angenehme Verhandlungsatmosphäre schaffen.

Das bringt mich auf einen Punkt, der heute aktueller ist denn je: Netzwerke. Ich bezeichne das als die Firmen-DNA. Jeder Festangestellte trägt sie bis zu einem gewissen Grad in sich. Man wird von der Arbeit geprägt, der man sich jeden Tag widmet. Auch der Arbeitsplatz, an dem man dieser Arbeit nachgeht, hat einen bedeutenden Einfluss. Da sind die Kollegen, mit denen man umgeht, die Geschäftsfreunde oder Servicemitarbeiter von anderen Unternehmen. Eine Arbeit ist in der Regel so gut wie ihre Kollegen, heißt es. Oft verbringt man mehr Zeit an seinem Arbeitsplatz als mit der Familie.

Jeder, der an einer geschäftlichen Verhandlung teilnimmt, ist also in ein Netzwerk aus Kollegen und Geschäftsfreunden eingebunden. Das hat natürlich auch Auswirkungen auf ihn selbst. Nutzen Sie diesen Umstand für sich! Diese Informationen über Ihren Verhandlungspartner können sowohl bei Ihren Gesprächsvorbereitungen als auch bei den Verhandlungen selbst hilfreich sein. Suchen Sie also im Internet oder vielleicht auch in dem Unternehmen selbst nach zusätzlichen Informationen über Ihren Verhandlungspartner.

Genau diesen Punkt der Analyse finden viele Menschen fragwürdig, da er ihnen zu persönlich ist. Ich habe schon öfter entrüstete Ansichten über diese Form der Verhandlungsrecherche gehört. Das sei zu privat, es sei nicht anständig, jemanden so auszuforschen und dabei womöglich seine Privatsphäre zu verletzen. Die Bedenken sind nicht von der Hand zu weisen, doch möchte ich Sie auf

Suchen Sie nach zusätzlichen Informationen über Ihren Verhandlungspartner.

einen wichtigen Aspekt hinweisen, der bei dieser Argumentation oft vergessen wird: Der »Andere« ist ein Mensch wie Sie. Er hat das Recht, auch so behandelt zu werden – auch und gerade in einer Verhandlung oder in einem Verkaufsgespräch. Und so muss ich mich mit ihm auseinandersetzen.

Alles andere ist auch für Sie selbst von Nachteil. Sie erinnern sich sicher an das, was ich schon im vorherigen Kapitel betonte: Eine Verhandlung ist nur dann gut, verläuft nur dann zufriedenstellend und ist wahrhaft erfolgreich, wenn nicht nur Sie, sondern auch Ihr Verhandlungspartner ein gutes Gefühl hat! Und wie wäre dieses gute Gefühl leichter zu vermitteln, als dass dem Gespräch – auch sich selbst zuliebe – eine gute, eine menschliche und vertrauenswürdige Basis zugrunde gelegt würde! Vertrauen und gegenseitiger Respekt sind der Anfang von allem.

Haben Sie also keine unnötigen Bedenken, sich so viele Informationen über Ihre Verhandlungspartner zusammenzusuchen, wie Ihnen möglich ist. Ihr persönliches Fingerspitzengefühl wird Ihnen dabei den Weg weisen. Es ist selbstverständlich, dass mit den gewonnenen Erkenntnissen sensibel und verantwortungsvoll umgegangen werden muss. Nehmen Sie zur Kontrolle einen Perspektivenwechsel vor und fragen Sie sich, wie Sie sich fühlen würden, wenn jemand Informationen über Sie erkundet hat. Wie ich bereits vorher erwähnt habe, gehört nicht nur das Zahlenmaterial zu diesen Nachforschungen. Auch private Informationen, Lebensläufe, historische Informationen das Unternehmen betreffend, sind von Nutzen.

Sie sind sicher über mehrere Ecken und mehrere Personen mit Ihrem Verhandlungspartner bekannt.

Sehr gute Dienste kann Ihnen bei der Suche nach Informationen das Internet liefern. Gerade heute sind Online-Plattformen und -Netzwerke so modern wie nie. *Facebook* oder auch *Xing* sind soziale Netze, denen heutzutage beinahe jeder beitritt und die kostenfrei genutzt werden können. Wahrscheinlich sind Sie selbst

3 Die Recherche

vernetzt und ein Teil einer Struktur, in der jeder mit jedem bekannt werden kann oder vielleicht schon ist. Sicher haben Sie schon einmal von dem »Kleine-Welt-Phänomen« gehört. Der US-amerikanische Psychologe Stanley Milgram[1] versuchte 1967 das erste Mal an der Universität Harvard, Massachusetts, nachzuweisen, dass jeder mit jedem über fünf oder sechs andere Personen bekannt sei. Damals gestaltete sich der Nachweis etwas schwierig, doch macht die Forschung aufgrund des Computeraufschwungs Mitte der 1980er-Jahre auf diesem Gebiet große Fortschritte.

So sind sicher auch Sie über mehrere Ecken und mehrere Personen mit Ihrem Verhandlungspartner bekannt. Informationen für Ihr Gespräch sind also oft leichter zu bekommen, als Sie selbst glauben. Bereits im ersten Kapitel deutete ich an, dass Sie sich ein Schaubild zeichnen sollten, um sich das »Wir«-Team zu verdeutlichen und die Beziehungen der Teammitglieder untereinander. Stellen Sie sich die Netzwerke, Ihre und auch die Ihres Verhandlungspartners, ebenso als Schaubild vor und zeichnen Sie die Verbindungen auf.

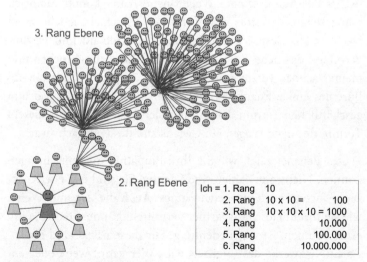

Abbildung 7: Das »Kleine-Welt-Phänomen«

Hobbys und Freizeitbeschäftigungen können nützliche Hinweise sein, wie Verhandlungen zu führen sind. Nicht nur Lebensläufe, auch Hobbys und Freizeitbeschäftigungen können nützliche Hinweise sein, wie Verhandlungen, Verkaufsgespräche zu führen oder zu handhaben sind. Heinrich, mein Nachbar, arbeitet für eine große Cateringfirma, die unter anderem Krankenhäuser versorgt. In seinem Vertriebsgebiet lag ein Kreiskrankenhaus, dass er als Kunde gewinnen wollte. Heinrich hatte schon einiges probiert. Er kam jedoch nicht an den entscheidenden Einkäufer heran. Eines Tages kam er am Pförtner des Krankenhauses vorbei. Da der Pförtner gerade unbeschäftigt war, nutzte Heinrich die Gelegenheit und fing ein kleines Gespräch mit ihm an. Erst ging es um das Krankenhaus im Allgemeinen, dann lenkte Heinrich das Gespräch auf den Chef vom Einkauf. Dabei erfuhr mein Nachbar, dass der Einkaufsverantwortliche sich gerade einen neuen Wagen gekauft hatte und ein echter Fan der Automarke ist.

Heinrich machte sich genau diese Information zunutze. Ein paar Tage später wartete mein Nachbar auf dem Parkplatz des Krankenhauses, wo der Chefeinkäufer mit seinem neuen Wagen parkte. Als der Mann seinem Wagen näher kam, konnte Heinrich schon sehen, wie stolz er auf ihn war. Geschickt fädelte mein Nachbar ein Gespräch ein, indem er ihn lobend und bewundernd auf das neue Auto ansprach. Das Eis war gebrochen und mein Nachbar vereinbarte auf diesem Weg einen Termin im Büro des Einkaufmanagers. Das Hobby führte Heinrich also zum geschäftlichen Termin. Ich bin mir sicher, dass auch bei diesem Termin der neue Wagen ein Gegenstand des Gesprächs war.

Dieses Beispiel zeigt, wie Sie Ihre Empathie ins Spiel bringen können. Nicht nur Zahlen sind wichtig. Sie sind nur ein Werkzeug – wenn auch ein bedeutsames. Auch die Art und Weise, wie sie Ihrem Geschäftspartner vermitteln können, dass Sie ihn ernst nehmen, ist von Bedeutung. Für diesen Fakt sind die sozialen Netzwerke des Internets wie »Wer-kennt-wen« oder *Facebook* nützlich. Meist finden sich darauf Fotos der Personen,

3 Die Recherche

mit denen Sie es zu tun bekommen werden. Vielleicht haben Sie sogar das Glück, auf Gruppenfotos zu stoßen, die Ihnen verraten, wie sich der zukünftige Verhandlungspartner in Gesellschaft verhält?

Und noch eines ist zu bedenken: Auch aus der Miene, dem Gesicht des Betreffenden lässt sich schon einiges herauslesen. Ist er zurückhaltend? Ist er eher ein extrovertierter Mensch? Wirkt er bedrückt? Sieht man ihm förmlich den Stress an? Findet man viele Bilder von ihm, auf denen er lacht? Ich muss allerdings an dieser Stelle darauf hinweisen, dass solchen Informationen mit Vorsicht zu begegnen ist. Es kommt hier sehr auf Ihr ganz persönliches Fingerspitzengefühl an. Was man auf diese Weise findet, sind Indikatoren und keine harten Fakten!

Auch aus dem Gesicht Ihres Gesprächspartners lässt sich einiges herauslesen.

Man kann es nicht oft genug betonen: Der Mensch ist in einer Verhandlung das Wichtigste. Auch wenn Sie selbst natürlich für sich ein optimales Ergebnis erreichen wollen – und sollen! –, Sie dürfen nicht vergessen, dass auch Sie natürlich überprüft und unter die Lupe genommen werden.

Sie fragen sich, wann man mit einer Recherche fertig ist? Die Antwort lautet nüchtern: nie. Selbst nach einer Verhandlung sind Nachforschungen und Wissen über das Unternehmen und Ihren Gesprächspartner für das Ergebnis der weiteren Gespräche wichtig. Vielleicht müssen Sie nach dem ersten Gespräch Ihre Meinung über Ihren Verhandlungspartner neu definieren?

Wenn Sie also in Betracht ziehen, dass jede Information über das Team der »Anderen« wichtig ist, dann spielt der Zeitpunkt, zu dem Sie diese Information bekommen, keine Rolle. Wichtig kann alles sein, was Sie um den Verhandlungstermin herum in Erfahrung bringen können, denn wirklich alles kann Ihr Ergebnis beeinflussen.

Erinnern Sie sich noch an das BATNA-Prinzip aus dem vorherigen Kapitel? Es beschrieb die »Beste Alternative zu einer verhandelten Einigung«. Zusätzliche Informationen können neben einer neuen Option innerhalb einer Verhandlung selbst auch eine neue Perspektive auf das gesamte Ergebnis zulassen – eine Perspektive, die eine Optimierung der erzielten Lösung angeraten erscheinen lässt.

Die Information, die Sie haben, gibt Ihnen die Kontrolle über das Verhandlungsgespräch.

Halten Sie sich also unbedingt auf dem Laufenden, was Ihren Geschäftspartner anbetrifft. Denn die Information, die Sie haben, gibt Ihnen die Kontrolle über das Verhandlungsgespräch, beziehungsweise entscheidenden Einfluss darauf.

Ich fasse noch mal zusammen:

- Veranschaulichen Sie sich, wer mit wem in Verbindung steht. Benutzen Sie die Technik, die ich Ihnen im ersten Kapitel schon erläutert habe. Wenn es Ihnen hilft, zeichnen Sie sich ein Schaubild. So wird Ihnen vieles bewusster.
- Übertragen Sie dieses Schema auch auf das Unternehmen, mit dem Sie in Verhandlung treten. Wie ist es am Markt aufgestellt? Gibt es weitere Verknüpfungen zwischen Ihrem Unternehmen und dem Ihres Gesprächspartners?
- Erweitern Sie Ihren Informationsstand, wie Zahlen und Statistiken, um weitere Zusatzinformationen, zum Beispiel aus der Presse, dem Internet oder aus Gesprächen mit Ihren eigenen persönlichen Kontakten.
- Beleuchten Sie Ihre bestehenden Kontakte unter dem Gesichtspunkt »Wer kennt wen?« Damit ergänzen Sie Ihr gesamtes Informationsbild.
- Schließlich: Denken Sie auch an die Hinweise auf rein menschlicher Ebene, wie Hobbys, Interessen, Vorlieben, und so weiter. Gehen Sie mit diesen »weichen« Informationen sensibel um!

Entscheidend ist das menschliche Maß – und das gute Gefühl bei Ihnen und Ihrem Geschäftspartner.

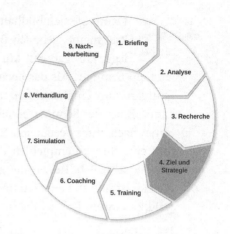

4 Ziel und Strategie: Klarer Kurs für klare Ergebnisse

Sie kennen das sicher: Selten fahren Sie mit Ihrem Auto einfach drauflos. Bevor Sie einsteigen, haben Sie sich entschieden, wohin die Fahrt gehen soll. Es macht keinen Unterschied, ob es nun zum Einkaufen, zum Familienfest oder zu einer geschäftlichen Besprechung geht – Sie setzen sich ein Ziel. Ohne Ziel werden Sie in der Regel nicht losfahren. Entscheidend ist das Ziel, denn ohne Ziel macht eine Autofahrt meistens keinen Sinn. Dennoch gibt es Menschen, die einfach zum Spaß Autofahren, sich zum Beispiel die Landschaft anschauen, ohne zu wissen, wie die Fahrt verlaufen soll. Es ist ein Verhalten, das letztlich Zeit, Benzin und vielleicht sogar die Nerven der anderen Verkehrsteilnehmer kostet.

Im Alltag läuft es jedoch anders ab. Man weiß in der Regel, wo man hin möchte, selbst wenn man fremd in einer Gegend ist. Und doch gibt es immer mehrere Routen zum Ziel.

Es gibt immer mehrere Routen zum Ziel. Damit Sie sich bildhaft vorstellen können, was ich konkret meine, gebe ich Ihnen ein Beispiel. Ein Berufskollege, Jan, gab erst kürzlich in Lörrach in Süddeutschland ein Seminar. Als das beendet war, wollte Jan zurück nach Stuttgart zum Flughafen fahren. Ihm war die Strecke nicht bekannt. Einer der Seminarteilnehmer bekam mit, dass Jan im Internet nach einer geeigneten Route suchte. Er fragte Jan, ob er ihm eine Strecke empfehlen dürfe. Der Teilnehmer beschrieb Jan die schnellste Reiseroute nach Stuttgart. Der Tipp lautete, die Landstraße zu benutzen und über den Feldberg im Schwarzwald zu fahren. Das sei die beste und kürzeste Strecke.

Jan machte sich also auf den Weg. Doch mitten im Schwarzwald schlug das Wetter um. Es begann zu schneien. Die Wegbedingungen wurden schwierig und die Sicht schlecht. Einige Lastwagen, die ebenfalls die Landstraße zum Abkürzen des Weges benutzten, blieben liegen. Sie kamen aufgrund der Straßenverhältnisse nicht mehr weiter. Jan musste sich also eine Alternative überlegen. Es war abzusehen: die Gefahr, umdisponieren zu müssen, stieg.

Schließlich kam er an den Lastern nicht mehr vorbei. Zu viele der Lkw blieben liegen. Trotz Winterreifen und Ketten bekam auch Jan zunehmend Schwierigkeiten auf dem schneeglatten und überfrorenen Asphalt. Schließlich blockierte ein LKW die Straße. Ein Weiterkommen war unmöglich. Die Route musste geändert werden: Nun musste er doch über die Autobahn A 5 nach Stuttgart fahren, um den Schwarzwald zu umgehen. Ursprünglich hatte Jan diese Strecke vermeiden wollen.

Doch auch hier lief es nicht wie geplant. Durch eine Baustelle wurde der Verkehr umgeleitet, um später wieder auf die Autobahn zurückgeführt zu werden. Über diese durch Umwege geprägte Route erreichte Jan schließlich den Flughafen Stuttgart.

Um zu zeigen, wie wichtig Ziel, Strategie und auch die benötigte Taktik in einer Verhandlung sind, ist dieses Fahrtbeispiel sehr geeignet.

4 Ziel und Strategie

Stellen Sie sich vor, Sie gehen in eine Verhandlung und wollen dort ein bestimmtes Ziel erreichen. Genau wie bei der Autofahrt besteht das oberste Gebot darin, sich über das Ziel der Fahrt beziehungsweise der Verhandlung klarzuwerden. Das Ziel, das Sie sich selbst stecken, ist auch deshalb von so großer Bedeutung, da es die Strategien, also die Routen, mit denen Sie es erreichen wollen, überhaupt erst definiert; und damit auch die Taktiken, mit denen Sie die Strategien umsetzen.

> Seien Sie angstfrei und offen, in einer Verhandlung einen Umweg in Kauf zu nehmen, um Ihr Ziel zu erreichen.

Machen Sie folgende Übung für sich, damit Ihnen Ihre alternativen Möglichkeiten auf dem Weg zum Ziel bewusst werden: Setzen Sie sich auf einer Landkarte ein Ziel. Das kann etwas sein, das Sie in einer eventuell bevorstehenden Verhandlung erreichen wollen. Die Routen zum Zielpunkt sind Ihre Strategien. Es sind also die Wege, auf denen Sie glauben, dieses Ziel erreichen zu können, nachdem Sie Ihre Situation analysiert haben. Das wurde in Kapitel drei ja bereits beschrieben. Machen Sie sich bewusst: Sie können sich im Raum zwischen Start und Ziel frei bewegen! Sie können also bei Bedarf Ihre Strategie, aber auch die Taktik ändern, beziehungsweise an einen unerwartet eintretenden Umstand anpassen. Es verhält sich mit diesen Strategien genauso wie mit der Autofahrt – manchmal muss die eigentliche Route auf einer Reise verlassen werden, nur um später (wie bei der Baustelle auf der Autobahn) wieder darauf zurückzukommen. Seien Sie folglich angstfrei und offen, ebenso in einer Verhandlung einen Umweg, eine Umleitung, in Kauf zu nehmen, wenn Sie Ihr Ziel über eine geplante Route erreichen wollen.

Vielen, die in eine Verhandlung gehen, ist der Unterschied zwischen einer Strategie und einer Taktik unklar. Beide Begriffe gilt es zu differenzieren, um eine Verwechslung auszuschließen. In diesem Kapitel wird es hauptsächlich um das Ziel – und damit auch um die Strategien zur Erfüllung dieses – gehen. Einzelne Taktiken werde ich hier ebenfalls bereits ansprechen.

Definieren Sie das Ergebnis mit der »SMART«-Regel. Befassen wir uns nun zunächst mit dem Ziel. Wie bei der Autofahrt ist klar: Das Ziel will genau definiert sein. Schließlich möchte man mit dem Erfolg der Handlung zufrieden sein. Sie erinnern sich: Das »gute Gefühl« für alle Beteiligten ist ausschlaggebend in einer Verhandlung! Um beides, sowohl Ziel als auch die Strategie, angemessen entwickeln zu können, muss man das gewünschte Ergebnis klar vor Augen haben. Das Ergebnis ist das vollendete Ziel. Genau das bedarf damit einer Definition. Damit zweifelsfrei definiert werden kann, was das Ergebnis sein soll, empfehle ich gern die »SMART«-Regel. SMART ist – natürlich – eine Abkürzung und steht einerseits für das englische Wort »klug« oder »clever«. Andererseits ist diese Abkürzung auch eine Eselsbrücke für fünf wesentliche Eckpunkte. Diese sollen Ihnen helfen, Ihr Ziel festzulegen:

- Der Buchstabe »S« steht dabei für *spezifisch*. Dabei sollten Sie sich einen konkreten Begriff ausdenken, der Ihr ganz persönliches Ziel am besten beschreibt. Das kann etwa ein geschäftlicher Gewinn sein oder ein Gegenstand. Erinnern Sie sich an das Kamera-Beispiel aus dem zweiten Kapitel? Das Ziel war, die Kamera entweder günstiger, durch einen Rabatt oder ergänzt um Zusatzartikel, beziehungsweise -leistungen zu erhalten.
- Das »M« bedeutet *messbar*. Der oben angesprochene Begriff, den Sie als Ergebnis deklariert haben, wird in eine konkrete Zahl umgesetzt. Durch die Bezifferung wird ihr Ergebnis abschließend messbar. Beispiele dafür sind ein Umsatz von zehn Millionen Euro, den Sie in der bevorstehenden Verhandlung erreichen möchten, oder eine Personalaufstockung von derzeit zehn auf 15 Mitarbeiter.
- Buchstabe »A« kommt von dem Wort *attraktiv*. Ihr Ziel sollte für Sie attraktiv sein. Immerhin sollen und wollen Sie sich darum bemühen! Wenn Sie etwas nicht mögen, werden Sie es mit Sicherheit aus eigenem Antrieb kaum anstreben wollen.

4 Ziel und Strategie

- »R«? Damit ist *realistisch* gemeint. Ihr angestrebtes Ergebnis sollte realistisch und erreichbar sein. Sie können Verhandlungen – seien sie geschäftlich oder privat – nur dann überzeugend führen, wenn Sie sich wirklich sicher sind, dass ihr Ziel funktioniert und tatsächlich erreichbar ist. Das Gleiche gilt auch für die Strategie, mithilfe derer das Ziel erreicht werden soll. Wenn Sie Ihr Ziel als unrealistisch einschätzen oder Ihre Strategie für zweifelhaft halten, ist Ihre Verhandlung zum Scheitern verurteilt.
- Zum Schluss kommt der Buchstabe »T« für *Termin*. Ihr Ziel benötigt ein fixes Datum, zu dem Sie das Ergebnis geschafft haben wollen. Das Datum leitet auch gleichzeitig die Überprüfbarkeit ein.

Ihr Ziel wird durch diese Punkte schon sehr genau definiert. Doch ich ergänze diese fünf Vorgaben gerne noch um eine weiteren. Diese wird meines Erachtens oft übersehen. Es ist der sogenannte »Öko«-Check.

<small>Ergänzen Sie die »SMART«-Regel um den »Öko«-Check.</small>

»Öko« steht hierbei nicht für Ökologie, also Umweltverträglichkeit, wie manche denken mögen. Vielmehr steht es für »Ökonomie«, also die Wirtschaftlichkeit. Anders gesagt, es steht für eine Kosten-Nutzen-Überlegung. Diese darf meines Erachtens bei keiner Ziel-Definition fehlen. Das wird bei der SMART-Regel nur unzureichend berücksichtigt.

Fragt man beispielsweise Führungskräfte nach ihren Zielen, dann geben sie oft an, sie möchten befördert werden. Dieses Ziel ist sehr klar und wird auch durch die SMART-Regel sehr gut abgedeckt. Eine Beförderung, eine höhere Position also, ist sowohl spezifisch, messbar, attraktiv, bei den meisten realistisch und ebenso in absehbarer Zeit, also terminiert, möglich.

Oft wird bei diesem Wunsch vergessen, wie die »Risiken und Nebenwirkungen« aussehen. Ein höherer Posten ist fast immer mit mehr Arbeit und mehr Verantwortung verbunden. In etlichen Fällen gehört ein Auslandsaufenthalt oder ein Wechsel des

Wohnorts dazu, was weniger Zeit für die Familie, den Sport oder andere Hobbys bedeutet.

Das Ziel Beförderung ist also mit Kosten verbunden. Wobei der Begriff »Kosten« sich keineswegs auf das rein Monetäre beschränkt. In diesem Zusammenhang müssen Kosten weiter gefasst gesehen werden. Diese »Kosten« wollen im Voraus bedacht werden, wenn das Ziel erreichbar oder lohnenswert erscheinen soll.

Es ist wichtig, neben dem angestrebten Ergebnis auch die Auswirkungen für das Umfeld zu bedenken.

Es ist also wichtig, neben dem angestrebten Ergebnis auch die Auswirkungen für das Umfeld zu bedenken. Das macht als Voraussetzung für eine erfolgreiche Verhandlung wieder eine genaue Analyse des eigenen Wunsches in Relation zum eigenen und zum »gegnerischen« Umfeld notwendig. Doch das wissen Sie jetzt schon.

Mein bereits erwähnter Nachbar Harald hatte sich vor einiger Zeit vorgenommen, 15 Kilogramm abzunehmen. Sein beabsichtigtes Ergebnis entsprach durchaus den SMART-Kriterien. Doch auch hier wäre vorab ein Öko-Check nützlich gewesen. Natürlich war es erst einmal schön, dass Harald schließlich 15 Kilogramm abgenommen hatte. Er wirkte wesentlich schlanker und attraktiver. Doch diese 15 Kilogramm weniger zogen Konsequenzen nach sich, die er vorher nicht bedacht hatte. Da sich der Körperumfang deutlich reduziert hatte, konnte Harald einen Großteil seiner Garderobe nicht mehr tragen. Er musste neue Kleidung anschaffen. Eine »Nebenwirkung« seines neuen Aussehens waren also auch die Kosten einer neuen Garderobe.

Eine Veränderung in diesem buchstäblichen Umfang kann eventuell zum beruflichen Nachteil werden. Ein Widerspruch? Nein, stellen Sie sich vor, der beliebte Schauspieler *Carlo Pedersoli* alias *Bud Spencer* hätte in der Mitte seiner Karriere eine oder zwei Kleidergrößen abgenommen! Wahrscheinlich hätte dies durchaus Auswirkungen auf seine Karriere gehabt und er hätte einige der Rollen, die ihn bekannt und berühmt gemacht haben, nicht bekommen. Gleiches gilt für die Botox-Behandlungen, die viele Filmschauspieler vornehmen lassen, um ihre Gesichtszüge zu glätten: Es kam vor, dass ihre Engagements nachließen, beziehungsweise sich änderten, denn: Ein anderes Wort für Schauspieler ist Mime, ein Wort, das direkt mit Mimik zu tun hat. Doch diese Mimen hatten genau diese Fähigkeit verloren, ihre Mimik war durch die Unterspritzungen erheblich beeinträchtigt. Einige ihrer Kollegen hatten dadurch Mühe, mit ihnen zu spielen. Manche Regisseure lehnen diese Schauspieler sogar mittlerweile ab.

Jedes Ziel hat also Auswirkungen – nicht nur auf Sie und das Leben danach. Das bezieht sich ebenso auf die Strategie, mit der das Ergebnis zu erreichen ist. Seien Sie so mutig, nach der Definition Ihres Ziels durch SMART und den Öko-Check Ihr Ziel möglicherweise neu auszurichten, zu korrigieren oder gleich ganz fallen zu lassen!

Ich möchte an dieser Stelle noch einen weiteren Aspekt beleuchten. Vielen unterläuft der Fehler, Nebenziele nach einer Analyse unter dem Gesichtspunkt von SMART und der Begleitumstände unberücksichtigt zu lassen. *Lassen Sie Nebenziele nicht unberücksichtigt.* Nur das Hauptziel wird definiert. Bleiben wir bei dem Beispiel, das ich am Anfang von meinem Berufskollegen Jan gab. Er wollte nach einem Termin in Lörrach zurück nach Stuttgart, um seinen Flug zu bekommen. Die kürzeste Strecke über den Schwarzwald war wetterbedingt nicht befahrbar. Jan tat also gut daran, einen »Plan B« parat zu haben. In Kapitel zwei hatte ich das bereits ähnlich unter dem Stichwort »Optionen« angesprochen. In Jans Fall, bei Beginn des starken Schneefalls am Abend, sah der Plan B vor, ein Hotel aufzusuchen, falls ein Weiterkommen ausgeschlossen war. Wären also sowohl die Landstraße als auch die Autobahn als Alternativen ausgefallen, hätte Jan gezwungenermaßen eine Nacht in einem Hotel verbringen müssen. Mein Berufskollege hätte mit einem Nebenziel vorlieb nehmen müssen.

Es ist demnach sinnvoll, sich nicht zur Gedanken über das Ziel, sondern auch über Alternativen zu machen. Denken Sie dabei an »PAHO« aus Kapitel drei. Vielleicht erreichen Sie Ihr Ziel nicht gradlinig, sondern über einen Umweg. Am Ziel selbst ändert das nichts. Wenn Sie jedoch einen Umweg, eine Alternative ausschließen, so lassen Sie das BATNA-Prinzip außer Acht; Sie geben sich selbst keine weiteren Optionen zu einer zufriedenstellenden Einigung. Das wäre das »Schlimmste«, was Ihnen passieren kann!

Ein gutes Beispiel für diesen Fall sind Verhandlungen zu Lohnerhöhungen, wie Sie das von gewerkschaftlichen Forderungen kennen. Solche Verhandlungen haben in der Regel ein sehr klares, attraktives und meist auch terminiertes Ziel. Es sieht meist auch recht realistisch aus: eine Erhöhung um die fünf Prozent oder gar nur drei Prozent. Das scheint niemandem besonders hoch zu sein. Und doch ziehen sich solche Verhandlungen oft unnötig in die Länge und enden zur Unzufriedenheit aller. Es ist den Parteien nicht möglich, sich zu einigen, weil sie selbst keine Alternativen sehen – Alternativen, die sie selbst vielleicht als ein Neben- oder Teilziel verstehen würden.

Um sich nicht auf ein einzelnes Ziel zu versteifen, kann es helfen, Nebenziele zu definieren.

Um sich nicht auf ein einzelnes Ziel zu versteifen und somit Gefahr zu laufen, es dann nicht zu erreichen, kann es also helfen, Nebenziele zu definieren. Im ersten Augenblick mag es so scheinen, dass man so das Hauptziel nicht oder zumindest nicht absehbar erreicht. Aber das täuscht. Nehmen wir wieder das Beispiel einer Preiserhöhung:

Das Hauptziel einer Firma ist eine Preiserhöhung. Verluste aus einem misslungenen Geschäft müssen ausgeglichen werden. Nun gibt es für viele nur eine Möglichkeit: Ein bestimmter angebotener Artikel muss teurer werden. Die entsprechende Preiserhöhung ist genau untersucht, berechnet und kalkuliert worden. Eine Erhöhung um fünf Prozent muss es sein, da sonst die Kosten nicht mehr ausgeglichen werden können. Doch wie so oft bei Preisverhandlungen sind die Positionen bald festgefahren. Eine Einigung kommt nicht zustande, man geht unzufrieden und ohne Ergebnis auseinander.

Dabei wurde nicht bedacht, dass es mehrere Möglichkeiten gibt, die zusätzlichen Kosten abzufedern, die das Unternehmen aufbringen muss. Nicht nur eine Preiserhöhung von fünf Prozent würde die entstandene Finanzlücke ausgleichen, auch mit drei Prozent könnten die Verhandler bereits zufrieden sein, wenn beispielsweise mehr Artikel verkauft werden. Die Analyse im Vorfeld hat auch ergeben, dass eine Preissteigerung um drei Prozent kostendeckend ist, wenn bestimmte Zusatzkonditionen erfüllt werden. Das allerdings würde den Verhandlungsumfang etwas vergrößern.

Ist aber von vornherein eine konsequente Gewinnmaximierung beabsichtigt und nicht eine Kostendeckung – sprich die Strategie der Gewinnerhöhung soll beibehalten werden –, dann ist eine Taktik dorthin die sogenannte Rückzugtaktik. Die Taktik ist das Mittel zur Durchsetzung der Strategie. Man kündigt in diesem Fall die Absicht an, eine Preiserhöhung um fünf Prozent durchzuziehen. Trifft man auf Widerstand, dann kann man sich gegebenenfalls auf die alternativen drei Prozent zurückziehen. Das ist nicht so viel wie angestrebt, aber – wie die Analyse im Vorfeld ergeben hat – doch ausreichend. Kommt eine Einigung auf diesem Niveau zustande, wäre die Verhandlung dennoch ein Erfolg, wenn auch kein großer.

Aber es gibt noch andere Möglichkeiten: Eine direkte Preiserhöhung kommt vielleicht beim Kunden so schlecht an, dass die Produkte sich insgesamt nicht mehr gut verkaufen. Der Öko-Check hat ergeben, dass die Kosten zu hoch sind, um das geplante Wunschziel zu erreichen. Was nützt also eine Preiserhöhung um fünf Prozent, wenn niemand mehr die Produkte kauft?

> Die Taktik ist das Mittel zur Durchsetzung der Strategie.

In diesem Fall wäre also sinnvoll, zu überlegen, ob man auf Nebenziele ausweichen kann. Für die Preiserhöhung hieße das, dass man unter Umständen von der Strategie, unbedingt eine Erhöhung um drei Prozent als Minimalziel durchzusetzen, abweicht und vielleicht stattdessen einen Aktionspreis auf rund 1 000 Stück des betreffenden Produkts aussetzt. Das scheint auf den ersten Blick im Widerspruch zu einer Preiserhöhung zu stehen. Dahinter steht jedoch der Gedanke, dass Kunden gern Schnäppchen kaufen. Durch diese Aktion wird zusätzlich die Nachfrage kurzfristig gefördert – mit dem erfreulichen Effekt, dass auch die Beliebtheit der Marke gefördert wird. Sicherlich steigert eine derartige Aktion den Umsatz durch stärkere Nachfrage und damit auch den Gewinn. Die Aktion ist also ein denkbares Nebenziel.

Über Nebenziele realisieren Sie vielleicht einen Mehrwert, der vorher schwer zu berechnen ist.

Sie sollten demnach bedenken, dass Neben-, beziehungsweise Teilziele keinen Verlust darstellen. Auf den ersten Blick kann es sein, dass Sie Ihr Hauptziel nicht erreichen. Doch dafür nähern Sie sich ihm auf Umwegen an und haben hinterher vielleicht sogar einen Mehrwert realisiert, der vorher nur schwer zu berechnen war. Das kann beispielsweise einen gestärkten Ruf des Unternehmens, beziehungsweise der Marke bedeuten. Das ist auch eine Wertsteigerung, die sogar dazu führen kann, dass zu einem späteren Zeitpunkt besser über eine Preiserhöhung von mindestens drei Prozent, wenn nicht gar fünf Prozent verhandelt werden kann.

Wie so eine Wertsteigerung aussehen kann, zeigt das Beispiel der Marke Audi anschaulich. Mitte der 1970er-Jahre hatte Audi nur wenige Modelle am Markt, darunter den Kleinwagen Audi 50. Dieses Modell war mit Problemen hauptsächlich das Wagenblech betreffend behaftet und verschaffte Audi einen schlechten Ruf. Nach und nach arbeitete Audi an der Qualität, an seiner Produktpalette, an Innovationen und damit auch an seiner Marke – »Vorsprung durch Technik«. Der Wert stieg und heute gehört Audi zum Premiumsegment der Automarken. Wer heute einen Audi fahren möchte, zahlt einen entsprechenden Preis. Eine starke Marke kann also auch helfen, bei Verhandlungen Preise durchzusetzen.

An dieser Stelle ist es sinnvoll, einen kleinen Einschub zu machen und das Thema um einen entscheidenden Punkt zu erweitern. Es geht um Einwände. Dieser Aspekt taucht immer wieder auf Seminaren und Veranstaltungen auf. »Was mache ich oder wie antworte ich, wenn der Verhandlungsgegner meinen Argumenten widerspricht?«, lauten die Fragen.

Zunächst gilt es zu verstehen, dass Einwände vollkommen normal sind. Sie gehören zu uns Menschen. Es ist absolut legitim, Bedenken oder Einwände auszudrücken. Stellen Sie sich vor, Ihnen gefällt etwas nicht oder Sie haben eine andere Ansicht. In dem Fall äußeren Sie Ihre Meinung.

Wenn wir uns ernsthaft mit etwas beschäftigen, denken wir automatisch an Gründe, die gegen diese Entscheidung sprechen. Wir wägen das Positive gegen das Widersprechende ab.

Im Fallbeispiel der notwendigen Preiserhöhung um fünf Prozent wird der Geschäftspartner kaum ohne weiteres zustimmen. Er wird den Vorschlag mit einem Argument ablehnen. Dieser Einwand bezieht sich nur auf diesen Punkt und lässt die Geschäftsbeziehung unberührt. Es ist an Ihnen, entweder das Argument zu entkräften oder eine Alternative aufzuzeigen. Hinter den Einwänden von Kunden oder Verhandlungspartnern steckt ein ernsthaftes Interesse an einem Fortbestehen der Geschäftsbeziehung oder eine Kaufabsicht. Somit sind Einwände etwas sehr Positives. Einwände sind häufig verdeckte Wünsche des Kunden oder des Verhandlungspartners. Erfahrene Verhandler und geübte Verkäufer nehmen Ihren Kunden oder Gesprächspartnern die Einwände bereits vorweg. Sie lesen den Kunden sprichwörtlich die Wünsche von den Lippen ab. Auf diese Art und Weise verringern sich die Einwände. Sollten dann noch Argumente erfolgen, so sind es tatsächlich versteckte Kaufwünsche.

Einwände sind häufig verdeckte Wünsche des Kunden oder des Verhandlungspartners.

Nicht jeder Einwand ist tatsächlich ein Grund gegen den Kauf. Manche Argumente sind einfach vorgeschoben. Es sind *Vorwände*, die sich oft gut und plausibel anhören. Gegen Vorwände zu argumentieren, ist oft mühevoll und wenig erfolgversprechend. Deshalb ist es wichtig, Vorwände von Einwänden unterscheiden zu können. Ein Grund gegen die Preiserhöhung könnte sein, dass der Wettbewerb gerade eine Preissenkung durchgeführt hat. Eine Preiserhöhung würde den betreffenden Artikel unattraktiv für den Endkonsumenten machen. Ein Vorwand wäre hingegen, dass Sie der dritte Lieferant sind, der in einem Monat eine Preiserhöhung für einen Artikel durchsetzen möchte.

So behandelt Sie Einwände am besten.

Es gibt ein paar Grundsätze, die Sie bei Einwänden berücksichtigen sollten. Wenden Sie diese Prinzipien an, so verschaffen Sie sich eine gute Ausgangsposition für den weiteren Verhandlungsverlauf:

- Behalten Sie eine positive Grundeinstellung. Vermeiden Sie aggressives Verhalten wie beispielsweise Ihr Unverständnis durch Mimik oder Haltung zum Ausdruck zu bringen. Bleiben Sie stattdessen sachlich und ruhig.
- Hören Sie Ihrem Gesprächspartner weiter zu und lassen Sie Ihn seine Einwände weiter vortragen.
- Lassen Sie sich mit der Beantwortung oder Ihrer Argumentation etwas Zeit. Nehmen sie sich eine kleine Gedankenpause. Wenn es sinnvoll ist, stellen Sie eine passende Gegenfrage. Auf diese Weise gewinnen Sie etwas Zeit für Ihre Antwort.
- Analysieren Sie den Einwand Ihres Gesprächspartners. Sind seine vorgebrachten Punkte Gründe und damit rational oder handelt es sich um Vorwände, die emotional geprägt sind? Emotionen sind selten mit Fakten zu entkräften.

4 Ziel und Strategie

Abbildung 8: Einwandbehandlung

- Beim Gegenargumentieren bleiben Sie ebenfalls sachlich und ruhig. Antworten Sie so präzise wie möglich.
- Beenden Sie Ihre Antwort mit einer kurzen Gegenfrage. Damit richten Sie den Fokus wieder auf Ihr Gegenüber und es ist an ihm, den nächsten Zug zu machen oder die Argumentation zu beenden.

Am Ende des Kapitels zeige ich Ihnen Methoden, mit denen Sie Einwänden begegnen können.

Entscheidend ist bei all diesen Überlegungen, dass Sie Ihr Hauptziel definiert haben und nicht aus den Augen verlieren! Sie erinnern sich an die Übung zu Beginn des Kapitels? Solange Sie sich auf Ihrer Reise von A nach B befinden, sind alle Abweichungen erlaubt. Sie führen früher oder später zum Ziel, wenn Sie beharrlich genug bleiben.

Auch das Beispiel des Kamerakaufs aus dem zweiten Kapitel passt in diesen Kontext. Bereits die BATNA-Überlegung aus diesem Abschnitt führt dazu, dass man sich vor dem Kauf mehrere Möglichkeiten des erwünschten Ausgangs zurechtgelegt hat: Was passiert, wenn man die Kamera nicht billiger bekommt? Welches Szenario ergibt sich, wenn das Hauptziel verfehlt wird? Wie sieht ein Nebenziel aus? Welche Alternativen sind vorstellbar, wenn es beim Kauf der Kamera keinen Preisnachlass gibt?

Wenn nichts mehr geht, gibt ein Nebenziel Ihnen die Möglichkeit, auszuweichen und auf ein neues Ziel zuzusteuern.

Ebenso sind hier mehrere Optionen möglich. Das Hauptziel, Geld beim Kauf der Kamera zu sparen, könnte zugunsten anderer zusätzlicher Güter herab priorisiert werden. Das Hauptziel wird also außer Acht gelassen, indem Nebenziele definiert werden. Diese können dann natürlich auch die Strategie ändern. Entscheidend ist, dass Sie sich diesen Prozess bewusst machen!

Es kann also sein, dass man die Strategie »günstige Kamera« schneller aufgeben muss als gedacht, wenn der Verkäufer im Fotofachgeschäft im Preis nicht nachgibt. In dem Fall ist man gut beraten, wenn man einen Plan B bereit gelegt und sich ein Nebenziel überlegt hat! Nicht die Kamera selbst, sondern das, was man ebenfalls dazu braucht, wie der zusätzliche Akku oder die Extra-Speicherkarte sind neue Ziele. Diese gilt es nun in der Verhandlung mit dem Verkäufer zu erreichen.

Wenn nichts mehr geht, dann gibt ein Nebenziel die Möglichkeit, auszuweichen und auf ein neues Ziel zuzusteuern. Was für das Verhandeln im Privaten gilt, gilt natürlich auch im Business-Bereich. Die Größenordnungen und die Konditionen sehen nur anders aus. Das Prinzip bleibt das Gleiche.

Selbstverständlich sollten Sie sowohl Ihre Haupt- als auch die Nebenziele vor der Verhandlung genau definieren und beschreiben. Es geht um die Frage: Was will man und welche Alternativen hat man zusätzlich? Hilfreich ist es, wenn Sie sich das notieren. So machen Sie sich die Ziele, ihre Auswirkungen und die Optionen bewusster. Das hilft bei den Verhandlungen, denn Sie sind so für jede Eventualität gerüstet. Bei jedem Zugeständnis können Sie eine Gegenforderung stellen und umgekehrt – so bleibt das Gespräch unter Ihrer Kontrolle und das bringt Sie Ihrem Hauptziel näher!

Beachten Sie also bei Verhandlungen folgende Punkte: *Diese Punkte sollten Sie bei einer Verhandlung beachten.*

- Ein Ziel sorgt für klaren Kurs. Ziehen Sie das in Ihrer Analyse mit in Betracht und vermeiden Sie Verhandlungen, in denen Sie sich über Ihr Wunschziel nicht im Klaren sind!
Die SMART-Regel hilft Ihnen dabei.
SMART steht für:
  - spezifisch
  - messbar
  - attraktiv
  - realistisch
  - terminiert
- Denken Sie außerdem an den Öko-Check! Welche Kosten verursacht mein Wunschziel? Was muss ich dafür aufgeben, was investieren – und übersteigt es die eigenen Potenziale?
- Trauen Sie sich, Ihr Ziel gegebenenfalls nach diesen Überlegungen anzupassen. Dies ist kein Verlust! Die Überlegung »Was wäre ein Teilsieg, ein Nebenziel also?« kann Ihnen dabei weiterhelfen.
- Bedenken Sie, dass manchmal ein vermeintliches Nebenziel sogar mit einem unverhofften Gewinn verbunden ist, der

das Gesamtziel, das einen Augenblick zuvor noch in unerreichbarer Ferne zu sein schien, in greifbare Nähe rücken lässt. Ein Minus kann so in der Verhandlung zu einem Plus werden.

- Behalten Sie trotzdem das Hauptziel im Auge und denken Sie daran, es für sich zu definieren. Zeichnen Sie Ausgangspunkt, (gewünschten) Endpunkt der Verhandlung und die möglichen Wege dorthin auf – so behalten Sie die Kontrolle über die Verhandlung und wissen genau, in welchen Grenzen Sie sich bewegen können.

Checkliste: Methoden zur Entkräftung von Einwänden:

1. Einwand oder Vorwand?
   Stellen Sie eine Gegenfrage:
   – Gibt es außerdem noch etwas, dass Sie zögern lässt, …
   … bei uns zu bestellen?
   – Gibt es noch etwas, das Sie davon abhält, …
   … von unserem Angebot zu profitieren?
   – Gibt es außer diesem Punkt noch etwas, dass Sie davon abhält, …
   … mit uns zusammenzuarbeiten?
   Gehen Sie auf den zuletzt genannten Punkt mit einer Bedingungsfrage ein und verwenden Sie dabei die Worte: wenn, falls, angenommen oder vorausgesetzt.
   – Einverstanden – das heißt, Sie machen es also, wenn diese Leistung erfüllt ist?
   – Dieser Punkt ist für Sie wichtig. Angenommen wir können dies, nehmen Sie es dann?
   – Das heißt also, falls Sie sich selbst davon überzeugen können, dass dieser Aspekt stimmt, dann ist es OK?
   – Falls wir das leisten können, nehmen Sie es dann?
   – Vorausgesetzt / Angenommen ich gebe Ihnen diese Leistung dazu, habe ich dann Ihre Zusage?
   Antwortet der Kunde oder Verhandlungspartner mit einer Zustimmung, schließen Sie diesen Teil des Gesprächs ab mit:
   – Wann hätten Sie es gerne?

- Ab wann können wir liefern?
- Wohin sollen wir liefern?
- Ab wann möchten Sie davon profitieren?
- Wie viel?/Welche Summe?/Wie viele Personen?
- Wann passt es Ihnen, dass wir uns treffen?
- Wann soll der Schutz beginnen?
2. Fragen zur Analyse von Gründen der Einwände des Verhandlungspartners
Ziel ist es, den Kunden zum Sprechen zu bringen. Hören Sie dabei und gut zu. Machen Sie sich gegebenenfalls Notizen.
   - Das zeigt mir, dass wir noch nicht alles besprochen haben, was haben wir noch nicht besprochen?
   - Ich sehe, dass ich Ihnen irgendetwas noch nicht gezeigt habe, was könnte es sein?
   - In dem Fall gibt es noch Dinge, die wir noch nicht besprochen haben. Was ist es?
   - Ich nehme an, dass Sie in solchen Situationen auch schon zugesagt haben. Was ist dort der Grund gewesen?
   - Ok, das zeigt mir, dass noch irgendetwas fehlt. Was fehlt noch? Was könnte noch fehlen?
3. Ja-Fragen
Formulieren Sie Ihre Fragen so, dass der gesunde Menschenverstand sich einverstanden erklärt und Ihr Gegenüber nur mit einem »Ja« zu antworten braucht. Beobachten Sie, wie der Kunde darauf reagiert. Er darf sich nicht eingeengt fühlen.
4. Wann-doch-Fragen (Hypothetische Alternative)
Formulieren Sie Ihre Fragen so, als gebe es keine Einschränkungen aus Sicht des Verhandlungsgegners.
   - Was müsste denn erfüllt sein, damit Sie es mit uns machen?
   - Was müsste erfüllt sein, damit Sie von … profitieren?
   - Unter welchen Umständen würden Sie es doch machen?
   - Sie haben vermutlich auch schon Ja gesagt, was kann Sie jetzt dazu bewegen?
   - Was wäre für Sie ein Grund, um jetzt zu bestellen?
Sie können diese Fragen auch mit »Ganz hypothetisch« oder »Nur mal angenommen« einleiten. Das nimmt auch etwas den Druck aus der Fragestellung.

5. Tatsachen und Fakten sprechen lassen
   Bringt der Kunde oder Verhandlungspartner einen Einwand, reagieren Sie darauf mit harten Fakten. Zeigen Sie ihm Tests, Statistiken, Referenzen oder Berichte. Fragen Sie Ihn danach, wie er unter diesem Blickwinkel den Umstand nun beurteilt. Erfolgt eine positive Rückmeldung, antworten Sie Ihm mit einer Bestätigung und der Frage nach einem Termin beziehungsweise dem nächsten Schritt:
   Ok, dann ist das das Richtige für Sie! Wann möchten Sie beliefert werden?
6. Die Frage nach dem »Warum«?
   Der Verhandlungsgegner kann durch starke und mächtige Fragen zu einer Antwort gedrängt werden.
   – Warum?
   – Was lässt Sie zögern?
   – Was ist der Grund, der Sie zögern lässt?
   – Was ist Grund, dass Sie noch nicht Ja sagen?
   »Warum« kann ebenso im Anschluss an eine Bedingungsfrage verwendet werden. Sie können dadurch das Gespräch positiv lenken. Der Verhandlungsgegner wird so in die Lage versetzt, seinen Nutzen aufzuzeigen.
   – Angenommen Sie bekommen einen Rabatt von zehn Prozent, würden uns dann den Auftrag erteilen?
     Kunde sagt: Ja oder Nein!
   – »Warum? Sehen Sie, all das (Punkte aufzählen) bekommen Sie von uns. Deswegen haben wir den Preis von ... Euro abgemacht. Jetzt geht es doch darum, dass Sie hieraus profitieren können. Daher meine Frage: Wann …?«
7. Einen Einwand in einen Wunsch umwandeln
   Oft äußern die Menschen Ihre »geheimen« Wünsche, Erwartungen und Hoffnungen in Einwänden. Wenn Sie diese Einwände in Wünsche umwandeln, helfen Sie Ihrem Gesprächspartner bei der Entscheidung. Ein Beispiel aus dem Verkauf:
   Käufer: Mit der Matratze bleiben meine Rückenschmerzen dennoch!
   Verkäufer: Möchten Sie denn, dass Sie wieder erholsam durchschlafen?

Käufer: Der neue Audi A6 ist auch nicht sparsamer als das Vorgängermodell!
Verkäufer: Wenn Sie sich überzeugen können, dass er sparsamer ist, dann nehmen Sie das Auto also?

8. Der Testballon

Diese Methode können Sie einsetzen, wenn es hart auf hart kommt. Bei einem Einwand umgehen Sie die Nachfrage. Stattdessen äußern Sie anstatt des Verhandlungsgegners mögliche Bedenken, die ihn von einer Einigung abhalten könnten.

- Möchten Sie es sich nochmals überlegen, weil Sie ein Wettbewerbsangebot haben?
- Hält Sie der Preis ab?
- Stört Sie das Design?
- Können Sie noch nicht zusagen, weil Sie Ihre Frau fragen wollen?
- Sie können nicht entscheiden, weil betriebsintern Fragen geklärt werden müssen?

Falls die Gegenseite mit »Nein« antwortet, fragen Sie konkreter nach. Sie können natürlich einen weiteren Testballon steigen lassen.

9. Ins Detail gehen

Oft verlieren wir uns in allgemeinen Aussagen, wie alle, jeder, immer, überall. Solche Wörter verlieren an Kraft und Wirkung, wenn genauer nachgefragt wird: was, wie, wer und wo?

Käufer: Ein Lieferantenwechsel bringt nichts!
Verkäufer: Hat ein Lieferantenwechsel noch nie was gebracht?
Käufer: Wir haben nicht die Kunden für solche Produkte!
Verkäufer: Keiner ihrer Kunden würde das kaufen?
Käufer: Doch, aber nicht viele!
Verkäufer: Aber einige würden es schon kaufen, richtig?
Käufer: Auf dem Land / In der Stadt würde keiner diesen Preis akzeptieren!
Verkäufer: Es gibt hier also niemanden, dem das etwas wert wäre?

10. Die Macht der Bilder – bildliche Sprache verwenden
Bilder können in einem Kopf auf unterschiedlichste Weise erzeugt werden. Nutzen Sie die Macht der Bilder. Dies bringt den Vorteil mit sich, dass Situationen viel leichter und einfacher erklärt werden können, als mit zu vielen und komplizierten Worten. Hier einige Beispiele:
Redewendungen:
- Aufgeben – Flinte ins Korn werfen
- Loben – über den grünen Klee loben
- Zweifel – der Wunsch Vater des Gedankens

Geschichten von sich selbst:
- Das ist mir ebenfalls passiert. Als ich vor drei Wochen ...

Geschichten von anderen (Personen oder Firmen):
- Haben Sie das auch gelesen? Firma Müller hat genau das neulich durchgezogen ...

Geschichten unseres Kunden:
- Ein anderer Kunde von uns, der ebenfalls im Möbelbereich tätig ist, kam vor sechs Wochen auf die Idee ...

11. »Müssen die auch«-Antwort
Durch die Behauptung oder Aussage »Müssen die auch!« bezogen auf den Wettbewerb oder jemanden in einer sehr ähnlichen Situation, wird der Verhandlungsgegner zum Nachfragen animiert.
Im Verlaufe einer Verhandlung argumentiert die Gegenseite, dass der Wettbewerber billiger ist oder ein besseres Angebot hat. Statt wie bisher zu argumentieren oder rechtfertigen, entgegnen Sie schlicht mit »Müssen die auch!«. Dann machen Sie eine Pause.
Käufer: Der Wettbewerber ist billiger.
Verkäufer: Müssen die auch! – Pause.
Der Verhandlungspartner wird garantiert nachfragen. Damit steuern Sie die Verhandlung wieder.

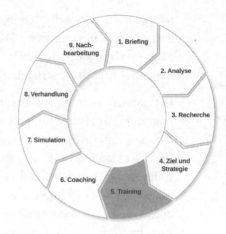

5 Das Training: Rüsten Sie auf!

Sie haben jetzt schon einige wirkungsvolle Werkzeuge an die Hand bekommen, mit denen Sie Ihre privaten oder geschäftlichen Verhandlungen erfolgreich abschließen können. Doch die beste Vorbereitung, die beste Recherche hilft Ihnen wenig, wenn Ihre Fähigkeiten untrainiert sind. Was das Training für Sie bedeutet, erfahren Sie in diesem Kapitel.

Mit dem Wort »Training« bezeichnet man im Allgemeinen alle Prozesse, die eine veränderte Entwicklung hervorrufen. In der Regel trainiert man etwas, um sich zu verbessern. Das gilt auch für das Verhandeln. Ziel ist hier, das ursprüngliche Verhalten, das man bisher hatte und mit dem man eventuell wenig erfolgreich war, durch ein anderes zu ersetzen. Sie erinnern sich, schon im zweiten Kapitel wies ich auf Einstein hin: »Die reinste Form von Wahnsinn ist es, alles beim Alten zu lassen und gleichzeitig zu hoffen, dass sich etwas ändert.«

Damit sich etwas ändert, müssen Sie das neue, das erwünschte Verhalten trainieren. Der Sinn liegt klar auf der Hand. Wenn Sie mit Ihren bisherigen Methoden beim Ver-

Probieren Sie etwas Neues!

handeln auf der Stelle treten, warum machen Sie dann nicht einfach mal etwas anderes? Denn eine Wiederholung des alten Musters wird wahrscheinlich Ergebnisse bringen, die Sie schon kennen – und die unerwünscht sind.

Oft passiert es in einem Gespräch, in einer Verhandlung, dass man mit Forderungen oder Bedingungen konfrontiert wird, auf die man reflexartig mit Ablehnung und mit einem entrüsteten: »Nie! Auf keinen Fall! Das geht gar nicht!« reagiert. Dieses Auftreten ist höchst emotional und sehr menschlich. Dennoch gilt es, ein solches Verhalten in so einem Fall zu zügeln und zurückzuhalten. Das jedoch gehört zu den schwierigsten Dingen, die man in einer Verhandlung zu leisten hat.

Erzähle ich das in meinen Seminaren, ernte ich meist große Zustimmung. Diese Reaktionen und auch ihre Auswirkungen kennt beinahe jeder aus eigener Erfahrung.

Doch zwischen dem, was man mit dem Verstand versteht, erfasst, begreift und der Umsetzung liegen oft Welten. Um das in Einklang zu bringen, hilft regelmäßiges Üben! Schon Seneca der Jüngere (Philosoph, Staatsmann und Naturforscher, 65 nach Christus) wusste: »Willst du, dass einer in der Gefahr nicht zittert, dann trainiere ihn vor der Gefahr.« Gemäß dieser Prämisse gilt also, dass man trainieren muss, was man will, damit es auch beherrscht wird, wenn es darauf ankommt.

Je häufiger einstudiertes Verhalten angewandt wird, desto mehr wird es zur Selbstverständlichkeit

Beim Training geht es darum, neue Wege einzuschlagen und damit neue Bahnen und Verknüpfungen in unserem Verstand zu schaffen. Diese neuen Verknüpfungen sollen sofort abgerufen werden können, wenn der entscheidende Moment gekommen ist. Je häufiger das neue und einstudierte Verhalten angewandt wird, desto mehr wird es irgendwann zur Selbstverständlichkeit.

Ebenso machte sich der chinesische Philosoph Konfuzius Gedanken zu diesem Thema: »Sage mir etwas, und ich werde es vergessen; zeige es mir, und ich erinnere mich; lass es mich tun und ich behalte es.« Je öfter Sie also etwas ausüben, desto eher merken Sie es sich. Um zu wissen, welche Verhaltensweisen Sie sich abgewöhnen und welche Sie sich neu anerziehen sollten, bedarf es einer kritischen Eigenbetrachtung. Betrachten Sie sich, wenn es zu einer unerwarteten Wendung in einer Verhandlung kommt. Wie reagieren Sie gewöhnlich? Welcher Typ Mensch sind Sie dann? Denn es gilt, das Hindernis oder die Blockade zu kennen. Nur wenn Ihnen das bewusst ist, können Sie das Hindernis umgehen.

Es gibt drei grundsätzliche Verhaltensweisen, mit denen man im Stresszustand reagiert:

- Da ist erstens der *Angreifer*. Er geht nach vorn und versucht, die unerwünschte Richtung wieder zu ändern. Der Typus »Angreifer« möchte das Hindernis, das sich ihm in den Weg stellt und die Durchsetzung seiner Strategie verhindert, mit aller Gewalt aus dem Weg räumen. Diese Vehemenz führt dazu, dass nun sein Gegenüber handeln muss. Sehr oft hat das wiederum zur Folge, dass die Verhandlung eine Richtung einschlägt, die weder dem Angreifer noch seinem Gesprächspartner behagt.
- Dann gibt es den *Flüchter*: Dieser Typ neigt stark dazu, sich zurückzuziehen und einen Abbruch der Gespräche zu riskieren. Das ist auch kein Ergebnis, das man sich erhofft hatte! Man hat gar nichts erreicht. Im Gegenteil, es ist eine völlige Niederlage.
- Zuletzt gibt es noch Menschen, die sich sozusagen »tot stellen«. Sie ignorieren die vom Verhandlungspartner gestellte Forderung und räumen ihm damit einen Vorteil ein. Das Gespräch ist dem *Totsteller* gewissermaßen aus der Hand genommen. Eine Verhandlung auf dieser Basis wird nicht zu seiner Zufriedenheit.

Alle drei Verhaltensweisen sind Reaktionen, die negativen Einfluss auf eine Verhandlung haben. Ein erfahrener Verhandler hingegen hat sich das »abtrainiert«, beziehungsweise eine neue alternative Vorgehensweise einstudiert.

Einen Reflex abzuschalten, kostet Überwindung. Es handelt sich hier um einen Reflex, den abzuschalten kostet Überwindung. Dennoch: Profisportler lernen, Reflexe zu überwinden. Wenn ein Skifahrer beispielsweise beim Riesenslalom eines der Tore bemerkt, dann setzt ein Reflex ein. Er fixiert das »Hindernis« und starrt es buchstäblich an. Unwillkürlich folgt der Körper diesem Blick und richtet sich danach aus. Der Sportler weiß sicher, dass er beim Slalom genau das tun muss: auf das Hindernis zufahren. Dennoch darf es nur gestreift werden. Nur das letzte Tor muss durchfahren werden, ohne die Stangen zu streifen. Dies einzustudieren, ist für einen Fahrer schwierig. Der Athlet trainiert gegen den oben genannten Reflex an. Es ist also möglich, gegen einen Reflex, eine feste Angewohnheit, zu handeln in dem man das trainiert. Profisportler, wie die Skirennfahrer beim Riesenslalom beweisen das jeden Tag.

Training hat also mit der Ausprägung neuer Nervenbahnen oder ihrer Neuformung zu tun. Bei Bedarf sind gewisse Handlungsmuster abrufbar. Je öfter diese neuen Nervenbahnen durch Training genutzt werden, desto mehr manifestiert sich das neue Verhaltensmuster! Irgendwann werden diese neuen Verknüpfungen ganz natürlich sein. Stellt sich Erfolg ein, wird auch das Unterbewusstsein diese neuen Verhaltensmuster als die richtigen bewerten. Und dann beginnt sogar das Training Freude zu machen! Die Belohnung für das Einschlagen eines anderen Wegs ist schließlich der Erfolg.

Dennoch: Rückschläge gehören zum Training auch dazu und sind Teil des Wegs zum Erfolg.

Hier möchte ich ein Beispiel aus der Musik anführen: Monika, die Frau von meinem Nachbarn Harald, spielt gern Klavier. Doch übt Monika ein neues Musikstück ein, dann hört es sich zu Beginn holprig und manchmal schief an, auch wenn sie schon seit Jahren Klavier spielt und ihre Finger virtuos über die Tastatur bewegt. Das kann ich manchmal von meinem Haus aus hören, wenn die Fenster geöffnet sind. Je mehr Monika übt, desto schöner, flüssiger und glatter wird ihr Spiel, bis es perfekt ist. Vernachlässigt sie das tägliche Einstudieren der Musikstücke, zum Beispiel wegen eines Urlaubs, fällt es Monika danach wieder schwerer, die richtigen Töne zu finden. Nur regelmäßiges Training sorgt dafür, dass die Fähigkeiten erhalten bleiben, dass sich die einstudierte Verhaltensweise im Gedächtnis buchstäblich einbrennt und man somit quasi unbewusst handelt.

Im Sport verhält es sich ähnlich. Hier sorgt regelmäßiges Training für größeren Erfolg in Wettkämpfen. Es ist der Reiz, die neu erlernte Verhaltensweise immer wieder auszuprobieren, anzuwenden und dadurch seinen Wettbewerber zu schlagen. Der Golfspieler Bernard Langer ist ein wunderbares Beispiel: Im Benson&Hedges-Cup 1981 verschlug er einen Ball in die hoch gelegene Astgabel einer Esche am Rande der Spielbahn. Nachdem der Ball gefunden wurde, schlug er ihn – obwohl seine Arme vom Klettern im Baum zitterten – aus der Astgabel heraus aufs Grün und beendete das siebzehnte Loch mit einem Par1.[1]

> Rückschläge gehören zum Training dazu und sind Teil des Wegs zum Erfolg.

Es war die ständige und hartnäckige Übung, die ihm diesen sensationellen und berühmt gewordenen Schlag ermöglichte. Sicher hat Langer dabei auch an den legendären Golfspieler *Gary Player* gedacht, der einmal nach dem Geheimnis seines Erfolgs befragt, antwortete: »Je mehr ich trainiere, desto mehr Glück habe ich!«

Auch Sie können das Verhandeln trainieren. Am einfachsten ist das auf dem Wochenmarkt Ihrer Heimatstadt. Probieren Sie es aus! Auch im Einzelhandel sollte und kann angewandt werden, was Sie bereits in diesem Buch erfahren haben. Schuhe, Kleider, Elektrogeräte – was immer Sie wollen, lässt sich erhandeln oder zu günstigeren Bedingungen erhalten. Aber bedenken Sie: Es geht nicht darum, den anderen dabei aufs Kreuz zu legen! Es geht ausschließlich darum, dass man selbst derartige Situationen trainiert. Es ist das gute Gefühl, von dem Sie schön öfter hier gehört haben, das Sie begleiten sollte. Ein begeisterter Fußballspieler wird keine Gelegenheit auslassen, um sich einen Ball zu nehmen und damit herumzuspielen, zu dribbeln oder auf ein imaginäres Tor zu schießen. Für Sie als Verhandler ist das Verhandeln selbst der Ball!

Das Wichtigste, was Sie trainieren sollten, ist mit einem »Nein« umzugehen.

Das Wichtigste, was Sie trainieren sollten, ist mit einem »Nein« umzugehen, wenn zum Beispiel ein Händler auf Ihre Forderungen nicht eingeht. Darauf werden Sie immer wieder stoßen! Seien Sie in so einem Fall nicht enttäuscht. Es ist keine Niederlage, wenn man Ihnen ein »Nein!« entgegensetzt. Sehen Sie es als eine hervorragende Gelegenheit zum Training. Sie üben Ihre Resignationsfähigkeit und damit Ihre Reaktion auf Ablehnung in Verhandlungen. Für viele von Ihnen ist das eine neue Erfahrung. Es gehört jedoch dazu.

Sie haben bei einem »Nein« zwei Möglichkeiten:

- Sie können dem Händler natürlich sagen: »Okay, ich nehme mein Wunschobjekt trotzdem mit.« Verloren haben Sie nichts. Sie können davon ausgehen, dass Sie nicht mehr dafür bezahlen müssen als jeder andere auch.
- Die zweite Möglichkeit besteht darin, dass Sie versuchen, sich spielerisch und trainingshaft weiter vorzuarbeiten. An einem Gemüsestand auf dem Wochenmarkt könnten Sie sagen: »In Ordnung, der Preis für das Kilo Kartoffeln steht also fest. Ich nehme die Kartoffeln zu Ihrem Preis, aber für eine gute Gemüsesuppe hätte ich die Stange Lauch gern noch dazu.« Beispielsweise könnten Sie bei Kleidern alternativ nach einem Gürtel oder einer Kette aus Modeschmuck fragen.

5 Das Training

So können Sie lernen, mit dem »Nein!« Ihres Verhandlungspartners umzugehen. Je öfter Sie auf ein »Nein« stoßen, desto öfter können Sie trainieren, aus der Enttäuschung, die diese Ablehnung bedeutet, herauszukommen und neu in die Verhandlung einzutreten. Sie geben dabei nichts von Ihrem Terrain ab. Bei diesen Übungen geht es nicht um den Inhalt! Es geht darum, die Prozesse in Ihrem Gehirn zu trainieren, die dann wiederum zu einer veränderten Entwicklung Ihres Verhaltens führen.

> Es geht darum, die Prozesse in Ihrem Gehirn zu trainieren, die dann wiederum zu einer veränderten Entwicklung Ihres Verhaltens führen.

Wenn ich diesen Trainingseffekt in Seminaren erläutere, wird mir immer wieder gesagt: Änderung des Verhaltens sei nicht möglich. Solche Dinge seien nicht trainierbar. Man sei zu alt. Es gebe keine Gelegenheit für Training. Es ginge einfach nicht. Man könne im Laden doch nicht anfangen zu feilschen. Meine Antwort auf diese Einwände ist, es fehle etwas an Fantasie und keinesfalls an mangelnder Gelegenheit oder mangelnder Möglichkeit!

Als Beispiel sei einer meiner Seminarteilnehmer angeführt, der es einfach versuchte. Björns Geschirrspülmaschine war kaputt gegangen. Eine neue Maschine musste angeschafft werden. Er versuchte, mit Hilfe meiner Tipps eine Vergünstigung beim Kauf zu erlangen. Björn erreichte tatsächlich Zusatzleistungen, indem er einfach danach fragte. Wichtig an diesem Beispiel ist der Versuch selbst, den Björn unternahm. Er hängte sein Ziel nicht zu hoch auf und probierte es, ohne seinen Elektrohändler über›s Ohr hauen zu wollen. Unfaires Verhalten ist sehr oft von Nachteil, gleich wo Sie sich befinden. Björn erreichte tatsächlich eine verlängerte Garantie und einen kostenlosen Einbau des Geräts in die Küche. Er hatte mit wenig Einsatz maximalen Erfolg. Und diese Erfolge, zunächst bei alltäglichen, dann bei bedeutsameren Einsätzen, sind die, die zum Weitermachen motivieren!

Der Verstand rostet ohne Training ein, wie ein Werkzeug, das ungenutzt im kühlen Keller liegt. Ohne Übung wäre Monikas Klavierspiel wohl fürchterlich anzuhören oder das Glück des Golfspielers, der den Erfolg von der ständigen Wiederholung seiner Schläge abhängig macht, recht wacklig. So muss auch das Verhandeln wieder und wieder geprobt und eingesetzt werden. Lassen Sie sich nicht davon leiten, dass ein Kilogramm Kartoffeln oder ein Bund Petersilie auf dem Wochenmarkt nicht so wichtig seien wie die geschäftliche Verhandlung über die Fusion Ihres Unternehmens!

Diese Einstellung begegnet mir immer wieder. Es ist das gleiche Prinzip! Besonders Geschäftsleute, Manager und Projektleiter haben die Einstellung, dass sie das Verhandeln ohnehin regelmäßig im Beruf üben. Sie glauben, dass sie Training nicht nötig haben. Das ist jedoch ein Irrglaube!

> Sie glauben, dass sie Training nicht nötig haben? Das ist ein Irrglaube!

Gerade diese Menschen sollten auch im Privatleben das Verhandeln üben und das Verkaufsgespräch mit dem Gemüsehändler als Freundschaftsspiel betrachten. Selbst die Nationalmannschaft organisiert Freundschaftsspiele außerhalb von Europa- und Weltmeisterschaften. Diese dienen neben der Unterhaltung einem Zweck: der Übung!

Bei Sportlern ist das selbstverständlich und man erwartet das auch von ihnen. Eine Selbstverständlichkeit sollte es auch für Sie werden! Es geht um das Prinzip an sich. Der Inhalt steht nicht im Vordergrund, der Prozess ist von Bedeutung. Er muss sich Ihrem Gedächtnis eingraben, so dass Sie in Ihrer Verhandlung machen können, was Sie wollen und nicht das, was Sie tun müssen, beziehungsweise andere Ihnen auferlegen. Dies gilt umso mehr, je ausgeprägter Ihre Reflexe vor einem Hindernis sind. Denken Sie dabei an den Slalomskiläufer: Je stärker die Reflexe sind, desto wichtiger ist das Training, um die Kontrolle in einer Verhandlung wieder zurückzuerlangen oder zu behalten.

Erfolg wird also gelernt. Und dabei sind es die Fehler, die einen weiterbringen. Wieder auf den Sport übertragen, bedeutet das: Man muss das Hinfallen üben. Nur dann schmerzt es nicht, wenn man tatsächlich stürzt. Fehler gehören auf dem Weg zu Erfolg dazu. Entscheidend ist, dass man nach einem Sturz wieder aufsteht oder nach einem Rückschlag weitermacht. Das wird leider oft vergessen.

Das oben angesprochene »Nein!« des Verhandlungspartners bedeutet für die meisten die Vorstellung einer Niederlage, also eine sehr hohe Hemmschwelle. Ein Sturz, eine Niederlage schmerzt – manchmal so stark, dass die Hemmschwelle trotz des Trainings eher höher als niedriger wird. Gut ist es in diesem Fall, einen Coach an der Seite zu haben – einen Partner, der einen unterstützt und der einem wieder aufhilft. Auf diesen Punkt gehe ich in den nächsten Kapiteln noch genauer ein.

Aber auch Sie selbst können einiges tun, damit ein Sturz, ein Fehler nicht mehr so schmerzhaft ist und die Hemmschwelle im Ernstfall sinkt. Dass gründliche Recherche und eine genaue Kenntnis dessen, was Sie selbst erwarten und erreichen wollen, Ihnen bei der Verhandlung helfen, haben Sie ja bereits gelernt. Mit diesen Mitteln können Sie sich für das anstehende Gespräch gut vorbereiten. Überlegen Sie sich mehrere Wege und Strategien, die auf das Ziel hinführen. Bereiten Sie sich aber auch auf einen Fehlschlag vor.

Überlegen Sie sich immer mehrere Wege und Strategien, die auf das Ziel hinführen.

Indem Sie die Wege wieder und wieder und wieder in Ihrer Vorstellung gehen und zu jeder Gelegenheit, die sich bietet, üben, trainieren Sie Ihre Fähigkeiten und damit auch Ihren Erfolg.

Das Bergsteigen bietet sich in diesem Zusammenhang als Beispiel an. Stellen Sie sich vor, Sie möchten das Matterhorn besteigen. Den Berg werden Sie kaum von heute auf morgen einfach besteigen. Eine solche Tour zum Gipfel will geplant sein. Das leuchtet jedem ein. Dass die Ausrüstung bestehend aus wetterfester Kleidung, geeignetem Schuhwerk, Kletterutensilien, und so weiter vorhanden sein sollte, ist selbstverständlich. Doch dann kommt die Planung am Objekt selbst. Welche Routen führen auf den Berg? Welche Schwierigkeitsgrade gibt es? Welcher von diesen Herausforderungen sind Sie gewachsen? Ist die körperliche Fitness in Bestform? Wie lang dauert eine Route von einem Punkt zum nächsten? Gibt es Zwischenstationen, Berghütten, die im Notfall erreichbar sind und in denen Sie übernachten können? Welche Routen brauchen einen Permit? Wie sieht das Wetter in der Regel zum Zeitpunkt der geplanten Besteigung aus?

Dies alles sind Informationen, die Sie als Bergsteiger brauchen, um eine bevorzugte Route zum Gipfel festzulegen. Haben Sie dies getan, kennen Sie Ihre Strategie. Trotzdem werden Sie für diese Route trainieren müssen – um allgemein fit zu sein und um ausreichend Reserven zu haben, falls widrige Umstände eintreten, die Sie zum Ausweichen zwingen. Idealerweise berücksichtigen Sie das auch für Alternativen. Es müssen Eisfelder und Steilwände überwunden werden. Es gibt Gletscherspalten, die Sie je nach Anstiegsvariante berücksichtigen müssen, und so weiter. Wenn Sie um alle Eventualitäten wissen, die Ihnen als Bergsteiger auf den verschiedenen Routen zum Gipfel des Bergs begegnen können, dann sind Sie gewappnet. Selbst ein Hindernis ist für Sie problemlos überwindbar, denn Sie sind auf solche Eventualitäten vorbereitet. Ein weiteres Detail in der Phase der Vorbereitung ist, sich über Schlüsselstellen zu informieren. Das können schwierige Passagen sein, wie Schneefelder, steile Wände oder Überhänge. Die dafür nötigen Techniken kann man entsprechend trainieren, sodass die Schlüsselstellen später unproblematisch überwunden werden können.

Wer ganz sicher gehen will, übt das Verhandeln mit einem Partner.

Wer ganz sicher gehen will, übt das Verhandeln mit einem Partner. Das kann ein Kollege oder Freund sein. Ein Rollenspiel hat viele Vorteile: Man kann die verschiedenen Möglichkeiten und Varianten durchspielen, die man sich vorher erarbeitet, die man recherchiert und analysiert hat. Der im zweiten Kapitel beschriebene Wahrnehmungspositionswechsel ist auch hier sinnvoll. Es ist die Perspektive des »anderen«, des Verhandlungspartners. In einem Probegespräch mit einem Kollegen oder Freund lässt sich sehr gut ausloten, welche Gegenargumente das Team der »Anderen« anführen könnte. Sie treffen also – spielerisch und zur Übung – bereits auf Hindernisse, die auftauchen könnten. Es gilt, diese zu überwinden, beziehungsweise durch Argumente zu entkräften und seine eigene Position vorteilhaft zu positionieren.

Bei so einem Rollenspiel, also dem Tausch von Positionsstandpunkten, können Sie also auch das »Hinfallen« üben. Sie werden dabei feststellen, dass es die Fehler sind, die Sie letztendlich weiterbringen. Voraussetzung ist aber, dass Sie sich ehrlich und bewusst beobachten!

Denken Sie also daran, regelmäßig zu trainieren, damit Sie in der Verhandlung den Erfolg haben, den Sie sich wünschen. Denn nur ständiges Üben wird die gewünschten Verhaltensweisen in Ihnen so festigen, dass jede Ihrer Verhandlungen zu einem Erfolg für Sie führt.

Nur durch ständiges Üben wird sich die gewünschte Verhaltensweise in Ihnen festigen.

Folgende Punkte sind dabei zu beachten:

- Vorab eine *Analyse*: Welche Verhaltensweise legen Sie bei Hindernissen, einem »Nein!« des Verhandlungspartners an den Tag? Sind Sie ein Angreifer, ein Flüchter, einer, der sich »tot stellt«? Finden Sie heraus, was Sie am Erfolg hindert – das ist die Verhaltensweise, die Sie persönlich sich abtrainieren müssen.
- Ein neues Verhaltensmuster muss *trainiert* werden, am besten täglich. Auch ein Profifußballer nutzt jede Gelegenheit, die sich ihm mit einem Ball bietet. Für Sie als Verhandler sollte jeder Einkauf zum Übungsfeld werden – sei es nun der Wochenmarkt, die neue Jeans oder die Kamera für die Familienhochzeit.

- Der *Prozess* ist von Bedeutung, er muss sich Ihrem Gedächtnis einbrennen, so dass die Verhandlung immer unter Ihrer Kontrolle bleibt.
- Lassen Sie sich nicht von einem *Nein!* beeindrucken. Benutzen Sie ein solches »Nein« für Ihre Zwecke, als eine Übung dafür, sich Verhandlungen nicht aus der Hand nehmen zu lassen und jederzeit auf eine neue Taktik oder eine neue Strategie einzuschwenken.
- Holen Sie sich einen Coach, einen Partner Ihres Vertrauens, mit dem Sie in einem *Rollenspiel* die anstehende Verhandlung üben können. Damit können Sie sich auch sehr gut in den Gegenpart dieser Verhandlung versetzen – Stichwort: »Wahrnehmungspositionswechsel«.
- Vergessen Sie nicht, dass das neue, das erwünschte Verhalten in einer Verhandlung *geübt* sein will, am besten täglich. Sonst verlernt man diese Verhaltensweisen wieder! Wenn Sie aber täglich, immer wieder das Verhandeln trainieren, ist Ihnen der Erfolg sicher. Denken Sie an den Golfspieler Gary Player: »Je mehr ich trainiere, desto mehr Glück habe ich!«

6 Das Coaching:
Ihr mentaler Fitnessraum

Coaching – wenn ich dieses Thema anspreche, dann fragen sich viele meiner Seminarteilnehmer, worin sich ein Coaching vom Training unterscheidet. Was denn das eine mit dem anderen zu tun hat? Nun, in der Regel ist es so: man entschließt sich, eine Sache zu erlernen. Es macht dabei keinen Unterschied, ob man Skifahren lernen möchte, eine Ausbildung beginnt oder sich für eine Fortbildung entscheidet. Ein Lehrer oder Ausbilder zeigt dann die Schritte, die es zu erlernen gilt. Damit sich das Erlernte festigt, übt oder trainiert man diese neuen Fähigkeiten. Man erreicht irgendwann ein bestimmtes Niveau, auf dem man ohne weitere Anleitung agieren kann.

Ist Ihnen der ehemaligen Profifußballspieler *Bobby Dekeyser* ein Begriff? Seine sehr interessante Geschichte sei hier kurz zusammengefasst. *Bobby Dekeyser* – eigentlich Belgier, aber in Deutschland lebend – begann seine Fußballerlaufbahn in Deutschland als Torhüter beim FC Bayern München. Nach nur einer Saison ging er zum 1. FC Nürnberg,

Wie unterscheiden sich Coaching und Training?

dann zum belgischen KRC Genk und schließlich stand er beim TSV 1860 München im Tor. Hier wurde er bei einem Ligaspiel während eines Abwehrmanövers ernsthaft im Gesicht verletzt. Sein Vertrag wurde nicht verlängert, was Dekeyser noch im Krankenhaus aus der Zeitung erfuhr. Trotzdem kehrte er als Ersatztorwart aufs Spielfeld zurück und beendete seine Fußballkarriere 1991 trotz etlicher interessanter Angebote. Er wurde erfolgreicher Unternehmer. Er gründete die Outdoor-Möbelfirma *DEDON*, hat ein Hotelresort auf den Philippinen und betreibt ein Reise-Unternehmen. Seine Geschichte publizierte er 2012 in seiner Autobiographie *Unverkäuflich*.

Das Interessante an *Dekeyser* ist seine Offenheit, denn er beschreibt sich in seiner Autobiografie als mittelmäßigen Spieler. Er sei nicht wegen seines Talents im Fußball zum FC Bayern München gekommen, sondern wegen seines eisernen Willens. Sein Selbstvertrauen sei eng mit seiner körperlichen Fitness und seiner Stärke verbunden gewesen. Doch an machen Tagen zermürbten Zweifel an den eigene Fähigkeiten den Torhüter. Er selbst sagt, er habe sich dann wie gelähmt gefühlt. Diese prominente Geschichte zeigt eines deutlich: Obwohl man bereits gut ist und bei den Besten spielt, verbessert ein Training die Fähigkeiten nochmals. Doch wenn man an sich zweifelt, drückt sich das auch in der Leistung aus. Die durch Zweifel eingetrübte mentale Stärke zeigt sich schließlich auch in Form von körperlicher Schwäche.

> Ein Coaching hilft, eingeschlichene Fehler oder ungenutzte Potenziale bewusst zu machen.

Viele Menschen merken irgendwann, dass das Niveau ihrer Fähigkeiten ausgebaut werden müsste. Obwohl man etwas beherrscht, gibt es Verbesserungspotenzial. Nur – allein ist schwer festzustellen, wo man ansetzen sollte und was man ausbauen könnte. Hier kommt der Coach ins Spiel. Er setzt auf der mentalen Ebene an. Ein Coaching hilft, eingeschlichene Fehler oder ungenutzte Potenziale bewusst zu machen. Es schafft das Bewusstsein dafür, was genau aus welchem Grund geändert werden soll. Damit die gewonnene Einsicht neues Verhalten ermöglicht, wird wieder trainiert. Ein Profi-Fußballspieler trainiert nicht, weil er das Fußballspielen erlernen möchte. Das kann er bereits. Dennoch: Jedes Training verbessert seine Fähigkeiten und korrigiert mögliche Fehler. Beim Verhandeln verhält es sich ebenso.

Bei vielen von uns liegt die Ursache für mangelnden Erfolg bei einer Verhandlung auf der mentalen Ebene. Die geistigen Fähigkeiten, wie Kommunikation, umfassendes Wissen, und so weiter, sind vorhanden. Aber viele Menschen stehen sich selbst im Weg. Sätze wie »Ich kann am Telefon keine Verkaufsgespräche führen, ich brauche ein persönliches Gegenüber!«, »Ich habe überhaupt keine Verkaufsbegabung!«, »Ich kann nicht handeln, ich bin zu schüchtern!« entsprechen seltener den Tatsachen, als viele glauben oder glauben machen möchten. Es sind vielmehr Glaubenssätze. Wir behandeln sie als feststehende Fakten, aber sie haben ihren Ursprung in unserem Glauben. Wenn man sie genauer unter die Lupe nimmt oder gründlich auf ihren Wahrheitsgehalt hin überprüft, dann erweisen sich diese Aussagen als hohl oder bestenfalls fragwürdig.

Auch vermeintliche Regeln, die im Business im Allgemeinen verbreitet sind, gehören dazu. Sicher kennen Sie einige davon: »Wenn man an zwei Kunden nichts verkauft, dann auch nicht an den dritten – der Tag ist gelaufen!«, oder »Im Winter läuft das Geschäft ohnehin schlechter!« und »Im Sommer sind sowieso alle im Urlaub, da ist weniger Umsatz ganz natürlich!«. Betrachtet man die Umstände näher, erweisen sich diese Behauptungen oft als haltlos. Sie lassen sich nicht mit Tatsachen untermauern.

Trotzdem: Sie scheinen uns bei Misserfolg, aber auch bei Erfolg zu bestätigen. Ja, wir suchen geradezu nach Hinweisen darauf, dass diese Regeln auch bei einer bevorstehenden Verhandlung wieder zutreffen. Es ist der ideale Vorwand, unser Verhalten unverändert zu lassen. Schließlich, wollen wir auch Recht behalten. Ein Teufelskreis entsteht, aus dem wir nur schwer ausbrechen können. Wir erreichen nur, dass sich solche unsinnigen Regeln immer weiter etablieren und in unseren Gedanken festsetzen.

Beim Coaching geht es darum, nützliche Glaubensregeln von hinderlichen Glaubenssätzen zu unterscheiden.

Beim Coaching geht es zum einen darum, zu unterscheiden, wo nützliche Glaubensregeln entstehen, die im Alltag auch helfen können. Zum anderen gilt es, hinderliche Glaubensgrundsätze zu identifizieren, die sich etabliert haben, die unser Verhalten beeinflussen und damit den erwünschten Erfolg behindern.

Ein Beispiel aus der Praxis macht deutlich, was damit gemeint ist. Ein kleiner Lieferant wird sich oft nicht trauen, mit einem für sein Geschäft maßgeblichen Großkunden über neue Bedingungen zu verhandeln. Oft ist es so, dass Großkunden über 50 Prozent des Umsatzes bei Lieferanten ausmachen. Das bedeutet eine Abhängigkeit, die je nach Ausprägung die Geschäftsbeziehung mehr oder weniger maßgeblich beeinflusst. Aus diesem Abhängigkeitsverhältnis heraus wird der Lieferant selbst dann zögern zu verhandeln, wenn die Notwendigkeit für ihn und seine geschäftliche Bilanz nicht von der Hand zu weisen ist. Doch statt die Situation anzugehen und nach Kräften zu versuchen, sie zu ändern, wird der Lieferant stattdessen sagen: »Mein Kunde ist zu groß, er wird nichts in meinem Interesse ändern, daher muss ich meine Lage akzeptieren. Verhandeln wäre vergeblich. Da kann ich ohnehin nichts machen.«

Ich halte dem aus meiner Erfahrung entgegen: Er sitzt einem Irrtum auf. Glaubenssätze wie »Da kann ich ohnehin nichts machen!« führen dazu, dass das erforderliche Handeln ganz unterbleibt, obwohl Agieren von Nutzen wäre. Der Verstand weiß das auch! Merken Sie sich: Es ist machbar, hinderliche Regeln zu eliminieren und durch andere, neue und unterstützende Glaubenssätze zu ersetzen.

Oft setzt man sich also in den Kopf, Dinge seien unerreichbar oder unerfüllbar. Prompt vermeidet man sie in dem Glauben, das auftauchende Hindernis sei viel zu groß und unüberwindbar. Diese Haltung ist es, die dann letztendlich zum vorprogrammierten Misserfolg führt. Man kann auch sagen: der Angstgegner ist selbst erschaffen! Sie kennen den Begriff vom Sport. Eine Mannschaft, die bei Wettkämpfen immer gegen den gleichen Gegner verliert, spricht dann vom Angstgegner. Sie können bestimmt, wie ich, Beispiele aus Ihrer Umgebung nennen: Die Handballmannschaft meines Heimatortes Göppingen, *Frisch Auf Göppingen*, belegte in der ersten Handballbundesliga in der Meisterschaft 2013 den elften Platz.

Diese Mannschaft könnte besser sein. Das beweist *Frisch Auf Göppingen* immer dann, wenn sie gegen einen Tabellenvorderen in der örtlichen Arena, der ehemaligen Hohenstaufenhalle – auch »Hölle Süd« genannt – spielt und gewinnt. Das Image »Hölle Süd« war so wichtig, dass der Umbau der Multifunktionshalle in den Jahren 2008/2009 und die Umbenennung in »EWS-Arena« zu hitzigen Diskussionen führte. Zu Gunsten dieses Renommees, dem Charakter der alten Hohenstaufenhalle, wurde auf weitere Zuschauerkapazitäten beim Umbau verzichtet. Denn hier ist das Team so gut, dass sie sogar gegen den Tabellenersten ausgezeichnet spielen und gar siegen kann. Das geschah bereits mehr als einmal. Außerhalb der »Hölle Süd« jedoch hat die Mannschaft gegen den Tabellenersten noch nie gewonnen. Für den Gegner dagegen ist die »Hölle Süd« mittlerweile zu einer Art Angstarena/Angstgegner geworden. Die Vermutung liegt nahe, dass diese Statistik ihre Grundlage nicht nur im eigentlichen Können von *Frisch Auf Göppingen* hat. Sie liegt in der mentalen Ebene der Spieler. Ähnliches können Fußballfans beispielsweise aus dem Ruhrgebiet über die Arena auf Schalke sagen.

> Diese Haltung führt letztendlich zum vorprogrammierten Misserfolg.

Für Ihre geschäftliche Verhandlung ist also wichtig, sich zu fragen: Was hindert Sie eigentlich daran, Erfolg zu haben? Was hält Sie auf? Als Antwort auf diese Frage höre ich oft: »Aber es ist doch unmoralisch, so auf seinen eigenen Vorteil aus zu sein!« Oder man betrachtet es als unmoralisch, wenn von großen Summen die Rede ist. Es sind also meist bestimmte Werte, die in einer Verhandlung hemmen, das zu tun, was einem selbst nutzt.

Wer in eine Verhandlung geht, darf sich nicht als unterwürfiger Bittsteller sehen oder gar fühlen.

Durch das Coaching können solche Hemmschwellen oder Hindernisse beseitigt werden. Es geht um die oft unbewusste mentale Einstellung. Zweck des Coachings ist es, den Verhandler aufrecht in ein Gespräch gehen zu lassen. Damit ist ein gesundes Maß an Selbstbewusstsein gemeint, so dass man seinem Gesprächspartner gelassen und auf Augenhöhe begegnen kann. Das gilt neben dem Verstand auch für das Gefühl. Damit ist das »gute Gefühl« gemeint, das ich in den vergangenen Kapiteln immer wieder ansprach. Wer in eine Verhandlung geht, darf sich nicht als unterwürfiger Bittsteller sehen oder gar fühlen. Die Haltung eines Opfers ist grundlegend verkehrt.

In meinen Seminaren begegnet mir diese falsche Einstellung häufig. Vielfach wird von Verhandlungspartnern berichtet, die man ungern trifft oder vor denen man sich schlimmstenfalls fürchtet. Gesprächspartner werden als aggressiv beschrieben, als »Zerstörer« bezeichnet, die mit Beschimpfungen dem Gegenüber Angst einjagen.

Wenn Sie sich vor derartigen Gegnern fürchten, dann ist das mentale Coaching für Sie genau richtig. Thema des Coachings wäre dann, sich vor solchen Verhandlungen mental zu stärken! Man kann in solchen Fällen auch von »mentalem Schutz« sprechen. Es ist wichtig, solche als Angriff empfundenen Taktiken und Strategien des Gesprächspartners abprallen zu lassen und davon unberührt zu bleiben! Sagen Sie sich immer wieder, dass es hier um eine Verhandlung geht und keinesfalls um Sie persönlich.

An dieser Stelle möchte ich Ihnen einige Tipps geben, mit denen Sie sich vor einer Verhandlung stärken können: Fertigen Sie sich beispielsweise eine Liste mit den eigenen Erfolgen an. Das zeigt, was Sie geleistet haben und baut Sie auf. Ebenso kann man seine Umgebung so gestalten, dass man sich in ihr wohlfühlt – soweit das möglich ist. Ein Foto der Kinder oder der Lebenspartnerin oder des Lebensgefährten kann helfen. Es kann auch ein Bild einer schönen Landschaft sein, die Sie im letzten Urlaub als besonders anregend oder entspannend wahrgenommen haben. Solche Gegenstände setzen einen positiven Anker. Sie lösen gute Gefühle aus.

Förderlich ist auch, auf dem Weg zu einem Termin mit einem unangenehmen Gesprächspartner entspannte Musik zu hören. Dass besonders Musik geeignet ist, Emotionen zu erzeugen, ist allgemein bekannt. Selbst in der Medizin wird mittlerweile Musik erfolgreich als Therapie eingesetzt. Sie können an dieser Stelle gern einen kleinen Selbsttest durchführen. Schließen Sie die Augen und beobachten Sie sich selbst. Was passiert in Ihnen, wenn Sie an den ersten Kuss Ihres Lebenspartners denken? Hat dabei vielleicht Musik gespielt? Wenn ja, welche? Oder denken Sie an die Fahrt mit Ihrem ersten eigenen Auto. Haben Sie dabei Musik gehört? Dann wissen Sie sicherlich noch, welche das war. All das ist tief in uns verankert. Es ist also auch kaum verwunderlich, dass beispielsweise Boxer mit einer Art Einmarschhymne in den Ring gehen. Es dient der Motivation.

Gestalten Sie Ihre Umgebung so, dass Sie sich in ihr wohlfühlen.

Bemerkenswert ist, dass der Mensch durch seine innere Einstellung auch imstande ist, die Wirklichkeit zu formen. Wenn man erreichen will, dass andere positiver auf einen zugehen, beginnt das mit der Arbeit an sich selbst. Dazu gehört auf jeden Fall das äußere Erscheinungsbild. Das wird als erstes wahrgenommen und vom Gegenüber analysiert. Es hat einen Grund, warum viele Menschen sehr viel Geld in ihr Äußeres investieren. Ein gepflegter Mensch gilt per se als sympathisch. Möchte man als ein gepflegter Mensch wahrgenommen werden, dann liegt auf der Hand, dass man dort beginnt.

Auch das führt schon dazu, dass man zu Beginn einer Verhandlung für sich punkten kann. Ein gepflegtes Auftreten, mit dem man sich wohl fühlt, stärkt positiv das Selbstbewusstsein. Man tritt schon ganz anders auf. Auch der Verhandlungspartner wird ganz anders auf Sie zugehen, wenn Ihr Erscheinungsbild und Ihr Auftreten selbstsicher und gepflegt sind. Sie bieten ihm auf dieser ersten Ebene des Kennenlernens keine Angriffsfläche mehr und er kann Sie viel eher wertschätzen.

Sie sehen also: Sie können nur dann erwarten, von anderen wertgeschätzt zu werden, wenn Sie selbst damit bei sich selbst anfangen. Es geht also bereits vor einer Verhandlung darum, sich selbst ins Bewusstsein zu rufen, welche Werte man besitzt und welche man in einer Verhandlung vertreten will und kann. Nur dann werden diese Werte auch wirklich nach außen sichtbar und werden von außen wiederum verstärkt – quasi als Spiegelbild.

> Andere werden sich Ihrem Verhalten anpassen, wenn Sie es stark genug vertreten.

Ist in einer Verhandlung der Wert »Fairness« für Sie von großer Bedeutung, dann werden Sie sich die Fähigkeiten, die dazu gehören, aneignen und entsprechend anwenden, beziehungsweise sich so verhalten. Sie werden sehen, es wird sehr bald zu einem positiven Feedback kommen. Vielleicht werden Sie es sogar schaffen, Ihren Angstgegner, den »scharfen Hund«, auf Ihre Seite zu ziehen oder gar zu zähmen. Die Wahrscheinlichkeit steigt, dass andere sich Ihrem Verhalten anpassen, wenn Sie es stark genug vertreten. Umgekehrt bedeutet das: Zeigen Sie Angst oder Furcht, wird Ihr Angstgegner das schamlos ausnutzen und genau den Raum einnehmen, den Sie ihm durch Ihr Verhalten geben.

Diese Informationen und auch weitere über den Anderen, also Ihren Verhandlungsgegner, sind besonders wichtig für die Vorbereitung der Verhandlung. In Kapitel 3 erfuhren Sie bereits, wie wichtig die vorbereitende Auseinandersetzung mit dem Verhandlungspartner ist. Wer sitzt Ihnen gegenüber? Wie denken Sie über die Teilnehmer? Das bezieht sich nicht nur auf das Team der »Anderen«, sondern ebenso auf die Mitglieder des »Wir«-Teams! Ist Ihr Gesprächspartner als »Wadenbeißer« bekannt oder als jemand, der immer widerspricht und damit eine konstruktive Atmosphäre zerstört, ist eine nüchterne Betrachtung des Umstandes erforderlich. Es wirft die Frage auf, wie man damit umgeht, beziehungsweise wie man dieses Verhalten abschwächt.

Es spielt sehr wohl eine Rolle, wie Sie selbst sich sehen und wie selbstsicher Sie in der Verhandlung einem solchen »scharfen Hund« gegenübertreten. Auf keinen Fall sollten Sie mit einer negativen Einstellung auf Ihren Verhandlungspartner losgehen! Erinnern Sie sich an die Technik des Wahrnehmungspositionswechsels? Die Methode kommt auch hier zum Tragen und hilft, das Gegenüber mit anderen Augen zu sehen. In diesem Zusammenhang sollten Sie sich auch fragen, ob Ihr Gegner sich ebenso mit diesem Adjektiv, zum Beispiel »scharfer Hund«, bezeichnen würde. Oder ist sein Verhalten ein Versuch, sein eigenes »Wir«-Team zu schützen? Würde er sich also selbst eher als »Beschützer« bezeichnen? Vielleicht würde Ihr Gesprächspartner sich als »konsequent« bezeichnen, wenn man ihn auf seinen Ruf ansprechen würde.

»Beschützer«, also jemand, der »konsequent« ist – beides wären demnach schon viel freundlichere Worte für das, was in Ihrem Kopf ursprünglich negativ bewertet wurde. Der Wert des Gegenübers steigt durch die Verwendung anderer Begriffe und die damit verbundenen Vorstellungen im Ansehen. Es kommt noch hinzu, was Sie selbst an Werten in einer Verhandlung vertreten möchten. Fairness, Entspanntheit, Wissen und Gelöstheit wurden bereits genannt. Wenn Sie diese Werte, die Ihnen persönlich wichtig sind, buchstäblich leben, beeinflusst das positiv die Vorausset-

Die Technik des Wahrnehmungspositionswechsels hilft, sein Gegenüber mit anderen Augen zu sehen.

zungen für eine erfreuliche und erfolgreiche Verhandlung für alle Beteiligten.

An dieser Stelle habe ich wieder eine praktische Übung für Sie: Schreiben Sie vor einer Verhandlung, einer geschäftlichen Besprechung, auf, was Sie an Ihrem Gegner als positiv empfinden. Jede Eigenschaft ist so wichtig, dass sie Erwähnung finden und aufgeschrieben werden sollte. Dazu gehört auch: Was bewundere, was mag ich an meinem Gegner? Das mag schwer fallen, wenn man sich auf ein negatives Bild eingeschossen hat. Aber denken Sie daran, dass jeder Mensch auch positive Seiten hat.

Betrachten Sie diesen Punkt als erweitertes Briefing, als Recherche des Punkts »Was weiß ich von meinem Gegner?«. Bedenken Sie, dass Information Macht ist. Fällt es Ihnen schwer, dann empfehle ich Ihnen, eine Liste nach einem bestimmten Muster anzulegen. Erstellen Sie eine Tabelle mit drei Spalten. Über diese drei Spalten schreiben Sie je eine dieser Fragen:

- Wie sehe ich meinen Gegner?
- Wie sieht er sich (wahrscheinlich) in Bezug auf dieses Attribut?
- Wie sehe ich den anderen dadurch neu?

Die Tabelle sähe nach den genannten Beispielen so aus:

Wie sehe ich meinen Gegner?	Wie sieht er sich?	Wie sehe ich den anderen neu?
Zerstörer	Beschützer	konsequent
zynisch	humorvoll	locker
arrogant	selbstsicher	souverän

Denken Sie daran: Jeder Mensch hat auch positive Seiten.

Um das eigene Verhalten, besonders in einer Verhandlung, zu ändern, muss man sich also bewusst machen, was die Ursache hierfür ist. Wie ist das Verhalten entstanden? Welche Wurzeln hat es? Zudem sollten Sie sich darüber im Klaren sein, welchen Einfluss die eigenen Handlungen auf Ihre Umwelt haben und wie wiederum die Umwelt Sie beeinflusst.

Dazu muss ich etwas weiter ausholen: In den 1980er-Jahren wurde von Experten ein Modell der Logischen Ebenen – Diltsschen Ebenen – entwickelt, in dem aufeinander aufbauend die Bewusstseinsstufen dargestellt werden. Diese können durch das Coaching verändern werden.

Die Ebenen lauten:
1. Zugehörigkeit
2. Identität
3. Werte/Glaubenssätze/Einstellungen
4. Fähigkeiten
5. Verhalten
6. Umwelt/Umgebung

Die meisten Trainings und Coachings setzen erst auf der fünften Ebene an – der Verhaltensebene. Deshalb werden diese oft

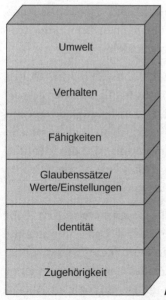

Abbildung 9: Die logischen Ebenen

auch Verhaltenstrainings genannt und einige Trainer nennen sich dann auch Verhaltenstrainer. Viele Appelle richten sich dementsprechend an die Verhaltensebene: Machen Sie dies. Lassen Sie jenes. Rauchen verboten. Rechts fahren. Mach‹ den Mund zu beim Essen. Mit vollem Mund redet man nicht. Lass die anderen ausreden. Streng dich an, und so weiter.

Die dritte Ebene, die der Werte, der Glaubenssätze und der Einstellungen ist am besten beeinflussbar.

Meine Erfahrung hat mir jedoch gezeigt, dass die dritte Ebene, die der Werte, der Glaubenssätze und der Einstellungen am besten beeinflussbar ist. Hier liegt der Schlüssel. Es gehört jedoch zwingend dazu, dass ebenso Klarheit über die ersten beiden logischen Ebenen herrscht. Das ist in Verhandlungen auf jeden Fall von Vorteil.

Oft erlebe ich in meinen Seminaren, dass es Verkäufern schwer fällt, offen ihren Beruf zu benennen, als würden Sie sich dafür schämen. Ein Verkäufer ist man offenbar nicht gern. Daher werden oft umschreibende Begriffe für diesen Beruf eingesetzt, wie zum Beispiel Sales-Manager, Key-Account-Manager, Kundenberater oder -betreuer. Und doch sind es hauptsächlich Menschen aus dieser Branche, die an meinen Seminaren teilnehmen. Es ist ihr Job, täglich zu verhandeln.

Ist eine Berufsbezeichnung negativ besetzt, führt dies häufig zu einer gespaltenen oder gänzlich negativen Einstellung zur eigenen Tätigkeit.

Dass die Bezeichnung eines Berufs, den man täglich ausübt, negativ besetzt ist, führt häufig zu einer gespaltenen oder gänzlich negativen Einstellung zur eigenen Tätigkeit. Das nimmt man natürlich auch in Gespräche und Verhandlungen mit. Immerhin wird die Identität, also die zweite Ebene des Diltsschen Modells, abgelehnt. Hier ist es die Identität als Verkäufer.

Umgekehrt sprechen Menschen, die beispielsweise Arzt oder Pfarrer sind, gern von sich und ihrem Beruf. Das liegt unter anderem daran, dass sie sich mit ihrem Beruf identifizieren. Diese Berufe haben zudem in weiten Teilen der Gesellschaft ein gutes Ansehen. Das angesehene Institut für Demoskopie in Allensbach (IfD Allensbach) veröffentlichte kürzlich das Ranking der beliebtesten Berufe 2013. Mit 76 Prozent steht an erster Stelle der Arzt, gefolgt von der Krankenschwester (63 Prozent) und dem Polizisten mit 49 Prozent. Die Schlusslichter sind Politiker (sechs Prozent), Fernsehmoderator (drei Prozent) und Banker (ebenfalls drei Prozent). Die Beliebtheit hängt jedoch auch immer mit der momentanen Berichterstattung über bestimmte Berufsfelder in den Medien zusammen.

Als ein Beispiel, wie das eigene Ansehen des Berufs, der eigenen Tätigkeit und Zugehörigkeit sich positiv auf die Umwelt auswirken kann, sei an dieser Stelle die Firma Siemens genannt. Noch zu Beginn dieses Jahrtausends war Siemens ein überaus begehrter Arbeitgeber. Die Mitarbeiter nannten sich gar nach ihrer Firma »Siemensianer«. Man arbeitete gern bei Siemens und war stolz darauf, zu einem so renommierten Unternehmen zu gehören: Die Zugehörigkeit und die Identität war für die Mitarbeiter klar. Sie teilten die Werte, die Glaubenssätze des Unternehmens und setzten ihre ganzen Fähigkeiten dafür ein – das machte ihr Verhalten aus und strahlte auch auf ihre Umwelt ab. Man arbeitete beispielsweise (Verhaltensebene) nicht nur bei Siemens, sondern war/ist (Identitätsebene) Siemensianer.

Doch in der Mitte des letzten Jahrzehnts erschütterten mehrere Skandale das Unternehmen. Die Erhöhung der Vorstandsgehälter während des Platzens der New-Economy-Blase erschütterten den Glauben der Kunden ebenso wie die kritisierten Geschäfte mit dem Iran. Diese Krise ging viel tiefer als vorherige. Auch die Mitarbeiter waren empört und gerieten in eine Identitätskrise. Das gute Image des Unternehmens war angekratzt.

Skandale können eine Identitätskrise verursachen.

Ein junger Mann, Andreas, besuchte eines meiner Seminare. Andreas suchte Hilfe bei einer beruflichen Neuorientierung. Andreas hatte sehr erfolgreich Volkswirtschaft studiert und machte dann in einer großen deutschen Bank eine Bilderbuchkarriere. Und doch war er seit Kurzem mit seinem Beruf unzufrieden. Nach dem Grund für diese Unzufriedenheit gefragt, gab er an, Banker sei eigentlich nicht seine erste Berufswahl gewesen.

Andreas hatte sich nach Abschluss seines Studiums bei verschiedenen Unternehmen beworben, die ihm die Möglichkeit boten, in anderen Ländern zu arbeiten. Letztendlich landete er bei einer großen deutschen Bank und arbeitete nun im mittleren Management. Um herauszufinden, was seine Unzufriedenheit ausmachte, beziehungsweise was die tatsächliche Ursache dafür war, hatte Andreas sich zu meinem Seminar angemeldet. Wir gingen das Modell der logischen Ebenen an ihm und seinem beruflichen Werdegang durch. Wir fingen an der untersten, der letzten Ebene an: der Umwelt. Waren die Kollegen freundlich? Oder die Kunden? Wie gefiel ihm die Arbeitsumgebung? Wie sah es mit der Anfahrt zur Arbeit aus? All diese Fragen konnte er positiv beantworten.

Ein Coaching soll Ihnen Dinge und Verhaltensweisen, die Ihnen vorher unbewusst waren, bewusst machen.

Dann ging es weiter mit dem Verhalten und den Fähigkeiten. Besaß Andreas die Kompetenz, mit seinen Aufgaben fertig zu werden? Wie gestaltete sich die Arbeit, bewältigte er sie mit Freude und Vergnügen? Auch das wurde als positiv beschrieben.

Schließlich kamen wir zur Werte-Ebene: Worin bestand seine Arbeit? Dabei stellte sich heraus, dass man Andreas in die Kreditabteilung der Bank versetzt hatte. Dort bediente er auch kleinere Unternehmen, die unter anderem angefragte Darlehen erhielten. Ebenso konnte Andreas die Frage nach der Identität und der Zugehörigkeit beantworten. Er war Banker und gehörte zur deutschen XY-Bank.

Das Fazit des längeren Gesprächs war, dass Andreas auf der Identitätsebene des Diltsschen Modells Schwierigkeiten hatte. Er bezeichnete sich selbst als Banker. So bezeichneten ihn auch seine Mitmenschen in seiner nächsten beruflichen Umgebung. Doch sein soziales Umfeld bewertete den Beruf des Bankers eher negativ als positiv. Der Grund lag darin, dass die meisten seiner sozialen Kontakte während der wirtschaftlichen Rezession der letzten Jahre Geld durch Börsenspekulationen verloren hatten. Für sie waren die Schuldigen in den Bankhäusern zu finden. Für Andreas war Banker zu einem Schimpfwort und Unwort geworden.

Dadurch, dass Andreas sich mit seinem Beruf identifizierte, dieser aber in seiner Umgebung negativ konnotiert war, wurde er unzufrieden – obwohl die Bedingungen für seinen Job durchaus annehmbar waren und er genau das tat, was ihm Freude machte und ihn ausfüllte. Das Coaching half ihm, den Grund seiner Unzufriedenheit zu erkennen. Jetzt war Andreas in der Lage, an seiner Identitätskrise und daran, dass ihn das negative Denken über Bankangestellte in seinem sozialen Umfeld nicht mehr berührte, zu arbeiten.

Die andere, die extremere Möglichkeit, wäre folgende Alternative gewesen: eine berufliche Neuorientierung. Andreas entschied sich für einen Neuanfang. Eine Störung der Identität beziehungsweise das eigene Verhältnis zu einer Sache, mit der man sich identifiziert, beeinflusst unmittelbar das Verhalten – also auch das Verhandeln!

Sie sehen an diesen Beispielen: Das Coaching ist dazu da, Ihnen Dinge und Verhaltensweisen, die Ihnen vorher unbewusst waren, bewusst zu machen. Nur so können sie geändert werden, nur so kann man sich kognitiv mit ihnen auseinandersetzen, damit das Verhalten steuerbar werden kann.

Beachten Sie also folgende Dinge:

- Stellen Sie sich die Frage, was Sie am erfolgreichen Abschluss einer Verhandlung hindert. Meist sind Sie es selbst. Machen Sie sich bewusst, dass die häufigsten Ursachen mental zu finden sind und kaum in Ihren Fähigkeiten oder Kompetenzen!

- Überprüfen Sie Ihre Werte! Leben Sie diese und wenden Sie Ihre Werte auch in Verhandlungen an. Gelebte Werte wie Fairness, Gelassenheit und Kompetenz werden die Verhandlung für alle Beteiligten angenehmer gestalten.
- Stärken Sie Ihr Selbstbewusstsein, indem Sie sich wertschätzen. Umgeben Sie sich mit angenehmen Dingen wie Familien- und Urlaubsfotos oder mit Ihrer Lieblingsmusik auf der Fahrt zur bevorstehenden Besprechung.
- Beschäftigen Sie sich genau mit Ihrem Verhandlungspartner – besonders mit Ihrem Angstgegner! Welche Eigenschaften schreiben Sie ihm zu? Würde er – darauf angesprochen – die gleichen Begriffe verwenden wie Sie? Nehmen Sie einen Wahrnehmungspositionswechsel zur Überprüfung Ihrer Erkenntnisse vor. Eine Tabelle wie die auf Seite 100 hilft Ihnen dabei.
- Verschaffen Sie sich Klarheit über das, was Sie tun und warum Sie es tun. Oft stammt ein negatives Gefühl aus einem Problem mit der Identität. Es hat also eine tiefere Ursache und ist oft rational unbegründet.

7 Die Simulation: Ihre Generalprobe

Briefing, Recherche, Strategie, Training, Coaching – das alles haben Sie in den vergangenen Kapiteln kennengelernt. All diese Dinge sind Ihr Rüstzeug für eine erfolgreiche Verhandlung. Sie haben schon eine Reihe von Informationen an die Hand bekommen. Und doch wäre es falsch, wenn Sie glauben, Sie wären damit schon für eine Verhandlung gerüstet! Denn ein entscheidender Schritt fehlt Ihnen noch in der Vorbereitung: die Simulation.

Das trockene Wissen, dass Sie sich in Recherche, Briefing und Training angeeignet haben, muss so realitätsnah wie möglich geprobt werden und zwar noch vor dem Beginn der eigentlichen Verhandlung. Diese Probe nennt man Simulation. Es ist wie eine Generalprobe beim Theater vor der Premiere.

Eine Verhandlung ist ein dynamisches System. Viele Unwägbarkeiten stecken darin, die besonders auf eines zurückzuführen sind: den menschlichen Faktor. Wer in ein Verkaufsgespräch, in eine Verhandlung geht, bekommt es mit Menschen zu tun, die im Endeffekt nicht anders sind als Sie und ich.

> Jeder wird im Alltag feststellen, dass eine Verhandlung mehr ist als die Summe der Teile!

Mit Recherchen, Briefing, Erarbeitung von Strategien, mit intensivem mentalen und verhaltenstechnischen Training sind Ihnen Werkzeuge an die Hand gegeben, mit denen Sie diesem menschlichen Faktor begegnen können, beziehungsweise mit denen Sie auf ihn vorbereitet sind. Diese Werkzeuge machen in der Summe den Erfolg einer Verhandlung wahrscheinlich. Und doch wird jeder im Alltag feststellen können, dass eine Verhandlung mehr ist als die Summe dieser Teile!

Ein gutes Beispiel dafür, wie man sich auf Überraschungen einstellen kann, die eine solche Gruppe von Menschen bei einem Meeting bereithalten kann, ist die sogenannte Organisationsaufstellung. Hierzu werden Personen einer Gruppe (diese entsprechen in diesem Fall den späteren Gesprächspartnern) ausgewählt und anschließend im vorhandenen Raum in Relation zueinander positioniert. Aus der subjektiven Anordnung der jeweiligen Mitarbeiter-Positionen werden Beziehungsrelationen über Winkel, Entfernungen und andere Parameter räumlich nachempfunden. So wird auf bildliche Art und Weise die Dynamik des Teams – aus der Position des Verantwortlichen – dargestellt. Wenn Sie so wollen, entspricht diese Aufstellung ungefähr den Aufzeichnungen über das »Wir-Team« und das »Team der Anderen«. Die Aufstellung entspricht also sowohl den Erfahrungen, die Sie gemacht, als auch den Diagrammen, die Sie erstellt haben, und stellt beides räumlich dar.

> Organisationsaufstellungen beleuchten die Dynamik innerhalb einer Gruppe.

Solche Aufstellungen beleuchten die Dynamik innerhalb einer Gruppe. Meist bergen die Ergebnisse solcher Aufstellungen Überraschungen. Einige Teilnehmer werden sich nicht an der Stelle wiederfinden, an die sie ihrer Ansicht nach gehören. Aber auch der Aufstellungsleiter oder die Aufstellungsleiterin wird feststellen können, wo sich manche Kollegen in der eigenen Wahrnehmung befindet. Organisationsaufstellungen beweisen, dass manchmal Lücken im eigenen Wissensstand erst dann sichtbar werden, wenn man dieses Wissen am realen Menschen anwendet.

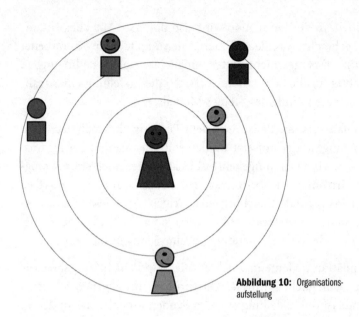

Abbildung 10: Organisationsaufstellung

Sie sollen also bei der Simulation Erkenntnisse erwerben, die Ihnen später in der realen Situation nützlich sind und für deren Feststellung und Verarbeitung es in der Verhandlung selbst schon viel zu spät ist. Um festzustellen, wie tauglich Ihre erworbenen Kenntnisse und Ihr Wissen sind, sollten Sie das in einer Situation testen, die so realitätsnah wie irgend möglich ist. Damit proben Sie die Verhandlungssituation. Sie vermeiden damit, durch Fehler oder Lücken in Ihrem Wissen die eigentliche Verhandlung zu gefährden.

Dieser Zwischenschritt der Simulation ist überaus wichtig. Viele meiner Seminarteilnehmer verwechseln diese Generalprobe – die Simulation der Realität – mit einem Training, wie es in Kapitel 5 beschrieben wurde. Doch eine Simulation ist mehr als nur reines Üben oder das Wiederholen bekannter Sachverhalte. Es ist ebenso weitaus mehr als das Handeln um eine Karotte auf dem Wochenmarkt. Hier stehen Ihre Interessen im Vordergrund! Es geht um das, was Sie real einsetzen können, um Ihr Ziel zu er-

> Wichtig für die Simulation ist die Erstellung eines realitätsgetreuen Umfeldes.

reichen. In der Simulation wird also das erste Mal alles zusammengebracht, was Sie sich hier in den Kapiteln zuvor erarbeitet haben. Das geschieht unter möglichst realen Bedingungen. Wichtig für die Simulation ist ebenso die Erstellung eines realitätsgetreuen Umfeldes – eines Modells.

Simulation ist die Phase nach dem Training und auch nach dem Coaching, in der umsetzt werden soll, was man an Erkenntnissen erwarb. Doch umgekehrt ist es auch hier noch einmal möglich, Irrtümer zu korrigieren, ein neues Training anzusetzen oder ins mentale Coaching einzusteigen. Auf diese Weise können weitere, versteckte Hindernisse oder Blockaden bearbeitet werden, die eine Verhandlung beeinträchtigen können.

Simulation bedeutet: so nah an die Wirklichkeit zu gehen wie irgend möglich. Zu dieser Überprüfung des eigenen Wissensstands ist die Erstellung eines passenden Modells, das in der Simulation die reale Verhandlungssituation darstellt, unumgänglich.

Je genauer Sie arbeiten, desto mehr verringern Sie das Risiko von Unachtsamkeit.

Bevor Sie die bevorstehende Verhandlung simulieren, stellen Sie sich in diesem Sinne folgende Fragen: Wie viele Menschen werden beteiligt sein? Was werden Sie tun? Wo und in welchem Rahmen wird die Verhandlung stattfinden? Welche Eigenarten sind über die Verhandlungsteilnehmer bekannt? Schon hier, bei der Vorbereitung der Simulation, zeigt sich, dass alle Erkenntnisse, alle Recherchen, die Sie vorher in der Theorie bereits erarbeitet haben, abgerufen werden und bereitstehen müssen. Stellen Sie für Ihre Generalprobe alles so zusammen, wie es in der echten Verhandlung auch sein wird! Je genauer Sie arbeiten, desto mehr verringern Sie das Risiko von Unachtsamkeit.

Betrachten Sie die Simulation als eine Art militärisches Manöver unter Gefechtsbedingungen. Ein Freund von mir, Peter, ist Ausbilder bei den Gebirgsjägern. Immer wieder stellt er fest, dass die Bedeutung der von der Bundeswehrführung angesetzten Manöver von den Rekruten unterschätzt wird. Viele von ihnen glauben, sie befänden sich auf einer Geländeübung mit sportlichen Elementen. Sie betrachten das Manöver nur als eine Erweiterung. Das Erwachen dieser Rekruten ist häufig ein böses, wenn wirklich Gefechtsbedingungen simuliert werden. Zwar geht es nicht real um Leben und Tod, doch stellt sich oft heraus, dass etliche Rekruten schon der Manöversituation geistig nicht gewachsen sind. Die Fähigkeiten und das nötige Wissen haben sie von ihrem Ausbilder mitbekommen, doch sie sind nicht in der Lage, auf die Unwägbarkeiten der Situation zu reagieren, weil sie sich den Ernst der Lage nicht klar machen. In manchen Situationen im Manöver führt das zu unnötigen Unfällen und Verletzungen. Vermeiden Sie im übertragenen Sinne diese Situation für Ihre eigene Verhandlung!

Auch in amerikanischen Anwaltskanzleien spielt die Simulation eine sehr große Rolle. Das angloamerikanische Recht basiert auf Präzedenzfällen und Richterurteilen. Damit ist in hohem Maß die theoretische Vorbereitung der Anwälte, ihre Argumentationskette und Rhetorik von Bedeutung. Gute Anwaltskanzleien besitzen oft einen Raum, der zur Übung dient. Hier werden Gerichtsverhandlungen regelrecht simuliert. Meist handelt es sich um einen originalgetreuen Nachbau der Gerichtsräume des Ortes oder der Stadt, in der diese Kanzlei hauptsächlich vertreten ist.

So wissen die Anwälte nach einigen Prozesssimulationen sehr genau, wo der Zeugenstand, wo die Jury und wo der Prozessgegner sitzt. Sie wissen aber auch, wie man sich selbst positioniert, ohne Anderen den Blick zu verstellen und doch alles genau im Auge zu behalten. Das ist ein Punkt, der auch für die Sicherheit der Anwälte selbst sorgt. So befinden sie sich im Gerichtssaal auf vertrautem Terrain und müssen sich nicht erst an die fremde Atmosphäre in den Court Rooms, den Gerichtssälen, gewöhnen.

In der möglichst naturgetreuen Simulation zeigt sich, worin sich Training oder mentales Coaching von einer Generalprobe unterscheiden. In der möglichst naturgetreuen Simulation einer Verhandlung zeigt sich ferner, worin sich Training oder auch mentales Coaching von einer solchen Generalprobe unterscheiden. Stellen Sie sich einen Olympiasportler vor, der zu den Olympischen Winterspielen nach Sotschi reist. Selbstverständlich wird er dort nicht anreisen, ohne schon im Vorfeld trainiert zu haben. Und doch wird er kaum erst einen Tag vor dem Wettkampf anreisen. Er wird sich an die Rampe für das Skispringen, die Rodelbahn oder die Strecke für den Skiabfahrtslauf gewöhnen wollen. Jede Bahn, jede Strecke hat ihre Eigenheiten, die der Sportler kennen sollte, um sie in den geplanten, den idealen Lauf einzuarbeiten und sich darauf vorzubereiten. Nur so gewinnt er Sicherheit und einen möglichen Vorteil im Kampf um eine Medaille.

Ist Ihnen der Unterschied bewusst geworden? Eine Simulation ist kein Training. Sie ist auch kein Coaching. Doch wenn in der Simulation, Ihrer Generalprobe, etwas schief läuft, dann ist es selbstverständlich jederzeit möglich, erneut in ein Training oder ein Coaching einzutreten und diese Phasen der Vorbereitung zu wiederholen oder zu intensivieren. Im Schritt »Simulation« kann überprüft werden, ob etwas in der Vorbereitung übersehen wurde, und wenn ja, was versäumt wurde.

Man bildet das System, in dem man sich während einer Verhandlung befindet, für eine Simulation so präzise wie möglich ab. Es soll das widerspiegeln, was man später vorfindet. Das System »Verhandlung« besteht neben dem Wissen aus mehreren Komponenten. Dazu zählt unbedingt der Faktor Mensch mit seinem Eigenleben, dem das Wissen, das Training und die mentale Kraft angepasst werden sollte. Wie bereits erwähnt: Eine Verhandlung ist eine Situation mit eigener Dynamik. Um gut auf diese Dynamik vorbereitet zu sein, müssen Sie die Situation »Verhandlung« vorab modellieren.

7 Die Simulation

Details sind in der Simulation von enormer Wichtigkeit. Wenn es in meinen Seminaren zum Abschnitt »Simulation« kommt, dann hake ich bei Fehlern oder Nachlässigkeiten oft sofort nach. Einige Teilnehmer nehmen eine Simulation zu locker. Sie kommen in Jeans und T-Shirt zu der nachgestellten wichtigen Vertragsverhandlung, sind unvorbereitet und ohne Unterlagen oder legen gar die Füße auf den Tisch. Sie lümmeln am Verhandlungstisch in ihren Stühlen, ohne jede Körperspannung. Es verhält sich wie im Sport. Ohne Körperspannung, mit hängenden Schultern und weichen Knien, wird man keinen Wettkampf gewinnen. Für eine Verhandlung gilt das ebenso. Die Haltung ist entscheidend. Der Körper braucht/sollte einen leichten Tonus/Körperspannung haben.

> Details sind in der Simulation von enormer Wichtigkeit.

Der Hinweis auf diese Eigenheiten in meinen Seminaren löst häufig Reaktionen wie diese aus: »Ach, das mache ich später ja ohnehin anders.« Vielleicht stimmen Sie dem zu? Nein! Das ist die falsche Herangehensweise. Machen Sie es jetzt anders! Gewöhnen Sie sich an die Situation, mit Fremden an einem Tisch zu sitzen und fragen Sie sich, wie Sie sich benehmen würden, wie Sie auf jemanden reagieren würden, der die Situation nicht ernst nimmt? Selbst Kleinigkeiten können Einfluss auf Sie und den Verhandlungsfluss haben und darauf, wie kompetent Sie von Ihrem Gegner wahrgenommen werden.

Zu einer Simulation gehören auch die entsprechenden Örtlichkeiten. Die Auswahl will daher wohl überlegt sein. Oft findet ein Meeting in fremden Räumen, beispielsweise, denen des Kunden oder des Verhandlungspartners, statt. Wem dieser Raum unbekannt ist, bei dem kann, wenn es soweit ist, möglicherweise Unbehagen entstehen. Das Gefühl der Fremdartigkeit wird verstärkt und kann die Selbstsicherheit schwächen. Das ist ein wichtiger Faktor, den es zu beachten gilt. Es ist daher unabdingbar, dass die Simulation der bevorstehenden Verhandlung ebenfalls an einem unvertrauten Ort stattfindet. So miete ich oft vor wichtigen Verhandlungen einen mir fremden Büroraum. Die Räumlichkeiten sollten dem Ort sehr ähneln, in dem das Gespräch später stattfinden soll. Wie dieser aussieht, können Sie eventuell im Vorfeld herausfinden. Haben Sie die Möglichkeit nicht, recherchieren Sie, wie sich Ihr Verhandlungspartner präsentiert. Gibt es zum Beispiel Aufnahmen von seinem Gebäude, Fotos der Geschäftsräume oder kennen Sie jemanden, der schon einmal dort war und Ihnen die Atmosphäre beschreiben kann?

> Die Räumlichkeiten sollten dem Ort sehr ähneln, in dem das Gespräch später stattfinden soll.

Ein weiteres Beispiel ist der Sitzplan. Wer wird wo Platz nehmen? Wer wird am Kopfende des Tisches sitzen? Ist es der Verhandlungsführer der Gegenseite? Wo könnte der Flipchart stehen, anhand dessen Sie Umsatzkurven oder Preisentwicklungen darstellen wollen? Wie lang ist der Weg von Ihrem Platz dorthin? Mit welchem Betriebssystem arbeitet der Beamer, mit dessen Hilfe Sie die PowerPoint-Präsentation vorführen wollen? Selbst der Vortrag kann so noch einmal durchgespielt werden. Sie können so feststellen, ob Sie wirklich alle Unterlagen und Informationen beisammen haben oder ob noch einzelne Fakten fehlen, die Ihnen nützlich sein könnten. Fehlt etwas, gilt es, das umgehend zu recherchieren.

Das gilt zum Beispiel auch für Stifte für das Flipchart. Die sollten auch dabei sein. Und zwar welche, die auch funktionieren. Das ist leider nicht selbstverständlich.

Von tragender Bedeutung sind ferner die Personen, mit denen die Verhandlung besetzt sein wird. Natürlich sollten an einer Gesprächssimulation idealerweise genauso viele Personen teilnehmen wie hinterher an der Verhandlung selbst. Das gesamte »Wir«-Team muss hier antreten: vollständig mit Unterlagen ausgerüstet, so gekleidet, wie sie es später sein werden und mit dem Wissen, wer das Gespräch führt und wer im Hintergrund bleibt. Nur das »Team der Anderen« hat natürlich Stellvertreter, aber das ist schon der einzige Unterschied, den es geben sollte!

7 Die Simulation

Sinnvoll ist, bei der Rollenbesetzung darauf zu achten, dass die Personen sich mit den Eigenschaften, die sie vertreten sollen, auch identifizieren können. Das heißt, vermeiden Sie »Miss Schüchtern« mit der Position der Verhandlungsführerin der Gegenseite zu betrauen, wenn letztere zu der Kategorie »scharfer Hund« zählt! In so einem Fall kann der wahrscheinliche Gesprächsverlauf nur unzureichend simuliert werden. Böse Überraschungen in der eigentlichen Verhandlung sind dann vorprogrammiert. Schlimmstenfalls gibt man vor lauter Überraschung die Kontrolle über die Gesprächsführung aus der Hand.

Sie sehen, dass ebenso diese und andere »Kleinigkeiten« und deren Auswirkungen sich im Fluss der Verhandlung potenzieren können. Daher ist die Realitätsnähe des von Ihnen erstellten Modells so wichtig! Die Detailtreue der Übungsumgebung, das Agieren in diesem Umfeld erzeugt die notwendige Sicherheit. Das betrifft außer Ihnen auch alle Mitglieder, die dem »Wir«-Team angehören. Diese Sicherheit verstärkt sich, wenn Sie alle an einem Strang ziehen und wissen, wie Sie aufeinander zu reagieren haben.

Kleinigkeiten und deren Auswirkungen können sich im Fluss der Verhandlung potenzieren.

Vielleicht haben Sie schon einmal von den morphischen Feldern gehört? Als morphisches Feld bezeichnete der britische Biologe *Rupert Sheldrake* ein hypothetisches Feld, das als »formbildende Verursachung« für die Entwicklung von Strukturen sowohl in der Biologie, Physik, Chemie, aber auch in der Gesellschaft verantwortlich sein soll. Ich bin der festen Überzeugung, dass diese jeden Tag unseres Lebens beeinflussen. Ich ließ das Konzept bereits schon einmal im vorherigen Kapitel anklingen: Wie Sie sich selbst fühlen, wie Sie sich selbst geben, so wird Ihre Umwelt auf Sie reagieren: ein morphisches Feld entsteht.

Durch die detailgenaue Simulation erhalten Sie Zugang zu den Informationen und zu dem Wissen über die Empfindungen der Repräsentanten und denen, die repräsentiert werden. Das geschieht bereits dadurch, dass die Verhandlung zur Gänze mit allen Möglichkeiten si-

Repräsentanten werden Sie so auf Lücken im vorbereiteten System hinweisen.

Abbildung 11: Morphische Felder

muliert wird. Ergänzend kommt hinzu, dass Sie selbst ebenfalls sehen, wie die anderen Repräsentanten auf die Positionen reagieren, die sie repräsentieren und von der Gegenpartei besetzt werden. Die Repräsentanten werden Sie so auf Lücken im vorbereiteten System hinweisen.

Publikum kann ein neutrales Feedback auf Aktionen und Reaktionen geben. Ihr eigener Erfahrungsschatz erweitert sich also um einen entscheidenden Faktor, der in den vorherigen Übungen und Vorbereitungen fehlte. Diese drehten sich ausschließlich um Ihr eigenes ich und Ihre Entwicklung. Nun kommen die Erfahrungen und das Wissen der Anderen dank der detailgenauen Simulation der Verhandlung noch hinzu. Um diesen Effekt zu verstärken, empfehle ich auch, Publikum in Ihr Simulationsmodell einzubauen. Auch dieses ist von den morphischen Feldern, die vom Verhalten der agierenden Personen gebildet werden, betroffen. Es kann ein neutrales Feedback auf Aktionen und Reaktionen geben, weil es nicht direkt an der Verhandlung beteiligt ist.

Ebenso ist für die private Verhandlung oder das private Verkaufsgespräch eine Simulation des Ernstfalls wichtig und machbar. Bleiben wir bei unserem allerersten Beispiel, das Sie bereits im zweiten Kapitel kennen gelernt haben: der Fotokamera für

7 Die Simulation

die Familienfeier. Wollen Sie eine solche Kamera erwerben, sind Briefing und Recherche allein, aber auch das Überlegen einer Strategie und deren Üben manchmal unzureichend für den erwünschten Erfolg. Die Umgebung hat ebenfalls Einfluss. Es ist der Hintergrund der Verhandlung – das Bühnenbild.

Gehen Sie also in den Laden, in dem Sie das Gerät gerne kaufen würden. Vielleicht ist dort der Preis am angenehmsten oder Sie versprechen sich den meisten Erfolg beim Handeln. Machen Sie sich dort mit der Umgebung vertraut und beobachten Sie: Wie ist die Stimmung unter den Verkäufern? Ist sie gut oder eher von Konkurrenz geprägt? Duckt man vor einem strengen Chef? Oder ist die Atmosphäre entspannt und es wird Wert auf gute Beratung gelegt? Macht das Ladengeschäft einen ordentlichen Eindruck? Sind die Regale gut sortiert? Wurde zum Beispiel der Teppich gesaugt, beziehungsweise die Fliesen gewischt oder liegen Krümel, Papierfetzen und so weiter herum? Wie ist das Verkaufspersonal gekleidet?

Auch im privaten Umfeld ist eine Simulation des Ernstfalls wichtig und machbar.

Solche Dinge sind wichtig. Vermeiden Sie, wann immer möglich, einen spontanen Kauf der Kamera. Gehen Sie mit den Eindrücken, die Sie sammeln konnten, noch einmal hinaus und beraten sich mit einem Gegenüber – Ihrer Frau vielleicht, Ihrem besten Freund oder Ihrem Schwager. Möglicherweise ist er vom Fach. Letzteres ist bei der Simulation nicht unbedingt erforderlich, sonst ist das ein klarer Vorteil. Gehen Sie mit ihm die Möglichkeiten durch, Ihre Argumente für einen Preisnachlass oder dafür, mehr Ware für dasselbe Geld zu verlangen. Bedenken Sie: Vier Augen sehen mehr als zwei! Sie können so Ihre Pläne noch einmal einem Realitätscheck unterziehen und gegebenenfalls Ihre Strategie den realen Umständen anpassen. Ebenso kann ein Freund oder Partner dabei helfen, sich in die Haut des Verhandlungsgegenübers einzufühlen. Bei der Simulation geht es tatsächlich ums Fühlen. Sie gehen der Frage nach, welche Dinge sowohl Sie, als auch der Repräsentant körperlich wahrnehmen. Diese Wahrnehmung gibt Aufschluss darüber, wie sich der Mensch »anfühlt«, für den der Repräsentant steht.

Ein Freund oder Partner kann dabei helfen, sich in die Haut des Verhandlungsgegenübers einzufühlen.

Denn auch hier ist der bereits öfter angesprochene Wahrnehmungspositionswechsel ein wichtiger Punkt auf dem Weg dahin, die Verhandlung in jedem Fall zu einer guten und erfolgreichen Erfahrung für alle Beteiligten werden zu lassen. Eine Verhandlung war dann tadellos, wenn sie gut für alle war – wenn alle ein gutes Gefühl bei der Sache haben. Objektiv lässt sich in den seltensten Fällen sagen, ob eine Verhandlung gut war. Das Gefühl ist ein entscheidender Indikator. Deshalb ist die Simulation ebenso ein Test, wie der Verhandlungspartner sich während und nach der Verhandlung fühlen wird.

Eine Simulation folgt bestimmten Grundsätzen.

Beachten Sie also bei der Simulation, Ihrer Generalprobe, folgende Dinge:

- Simulation ist die Probe aller vorbereiteten Erkenntnisse und aller erworbenen Fähigkeiten.
- Eine Verhandlung ist ein dynamisches System, das auf Menschen und ihren Eigenarten basiert.
- Eine Simulation ist nur so gut, wie Sie sie gestalten! Seien Sie dementsprechend so detailgenau wie irgend möglich. Kein Detail ist so unwichtig, als dass Sie es vernachlässigen dürften. Denken Sie hier an Unterlagen, die Kleidung oder daran, fremde Räumlichkeiten zu mieten.
- Die Simulation soll letztendlich eine Stärkung Ihrer Sicherheit, Ihrer Fähigkeiten und auch die des »Wir«-Teams bewirken. Denken Sie daran, welche Werte Sie vertreten und wie Sie wirken wollen. Selbst unbewusst vertretenes Wissen und Kompetenzen werden über morphische Felder weitergegeben.
- Setzen Sie für intensiveres Feedback unbeteiligtes Publikum ein.

Private Verhandlungen unterscheiden sich natürlich von geschäftlichen.

Dennoch können Sie auch solche Gespräche simulieren:

- Erkunden Sie die Umgebung – sprich, den Laden, beziehungsweise die Räumlichkeiten, in denen Sie den gewünschten Gegenstand erwerben wollen.
- Wie auch in der geschäftlichen Verhandlung ist der Wahrnehmungspositionswechsel ein Schlüssel zu einer guten und erfolgreichen Verhandlung für alle Beteiligten.
- Reflektieren Sie die Beobachtungen mit einem Partner. Sprechen Sie Pläne, Möglichkeiten und Beobachtungen mit ihm durch und passen Sie Ihre Strategie dann entsprechend an.
- Denken Sie an die »Formel«: Gutes Gefühl bei allen Beteiligten = gute Verhandlung. Das »gute Gefühl« des Verhandlungspartners kann in der Simulation abgefragt werden.

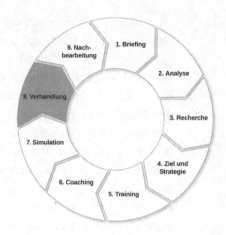

8 Die Verhandlung: Jetzt wird es ernst!

Sie haben sich vorbereitet, vielleicht fachlich etwas nachgelesen, recherchiert, trainiert und sich mental eingestimmt – und jetzt wird es ernst!

Ihre Verhandlung steht an. Alles, was Sie bisher in diesem Buch gelesen haben, war nur Übung, Training, Simulation – es war Theorie. Was fehlte, ist die Praxis. Viele haben in so einer Situation Lampenfieber. Wird alles gelingen? Habe ich auch nichts vergessen? Wie wird das Team der »Anderen« im folgenden Gespräch mich oder unser »Wir-Team« wahrnehmen? Werden wir es tatsächlich schaffen, unser Anliegen angemessen und erfolgreich zu vermitteln?

Für die meisten Menschen ist das Gefühl der Verunsicherung und innerer Unruhe durchaus real. So real, dass die Verhandlung dann trotz aller Vorbereitung, trotz aller Recherche und allem Training akut gefährdet ist. Deshalb lautet mein erster Rat in diesem Kapitel: Es gibt immer eine Alternative. Wenn Sie es nicht selbst wollen, dann wird eine Verhandlung kein Fehlschlag.

Sie haben es in der Hand, ob die Verhandlung erfolgreich verläuft.

Sie erinnern sich sicher an das zweite Kapitel, in dem Sie etwas über das BATNA-Prinzip erfuhren, die »Beste Alternative zu einem (verhandelten) Ergebnis«. Für Ihre Verhandlung bedeutet das, dass Sie nie vergessen dürfen, dass es immer einen Plan B gibt. Es gibt keine erfolglose Verhandlung, beziehungsweise die erfolglose Verhandlung gibt es nur dann, wenn sie abgebrochen wird. Der Grund dafür ist einfach: Wenn man sich das BATNA-Prinzip vor Augen hält, gibt es keinen akuten Zwang mehr, unter allen Umständen innerhalb eines bestimmten Zeitraums eine Einigung zu erzielen. Im Gegenteil: Das Bestreben, auf jeden Fall mit einem endgültigen Ergebnis aus dem Gespräch zu gehen, führt oft zu Nachteilen oder gar Misserfolg.

Lassen Sie mich Ihnen ein Beispiel geben. Ein Kunde von mir, der Zementwerkbesitzer Krüger, kam eines Tages mit einem Problem zu mir. Ein Großabnehmer seines Zements hatte ihn vor die Wahl gestellt: Entweder Krüger verkaufe die Ware zukünftig zu günstigeren Bedingungen, oder der Großabnehmer, ein bedeutender Baustoffhändler, würde in Zukunft den Zement von einer anderen Firma beziehen. Herr Krüger war ratlos, sah er sich doch Alternativen gegenüber, die für ihn beide ungünstig waren. Was er auch wählte, er würde in jedem Fall finanzielle Einbußen verschmerzen müssen. Mein Tipp an ihn war, die Verhandlungen mit dem Abnehmer auf keinen Fall einschlafen zu lassen – sie laufen zu lassen und sie sogar aktiv am Laufen zu halten.

Und so zog mein Kunde die Gespräche mit dem Händler für Baustoffe über Monate hin. Immer wieder traf man sich zu Verhandlungen und jedes Mal ging man ergebnislos auseinander. Dennoch hatte diese Strategie – bei aller Ergebnislosigkeit der Gespräche selbst – für Herrn Krüger Erfolg. Der Baustoffhändler kündigte den Vertrag nicht. Er bezog weiterhin Krügers Zement zu den alten Konditionen. Das Geschäft lief weiter wie bisher.

8 Die Verhandlung

Hier zeigt sich das, was üblicherweise als Hemmnis und als »No-Go« in einer Besprechung angesehen wird – die Ergebnislosigkeit, der Schwebezustand. Für meinen Kunden war dieser in Wahrheit ein Gewinn. Hätte Krüger sich sofort für eine der beiden (für ihn ungünstigen) Möglichkeiten entschieden, dann hätte er finanzielle und vielleicht sogar noch weiterreichende Einbußen hinnehmen müssen. Indem Krüger aber immer wieder das Gespräch suchte und trotz aller Einwände des Kunden und aller Hindernisse nicht aufgab, konnte er für sich unter dem Strich ein Plus erreichen. Einerseits lief der Vertrag noch mehrere Monate weiter, andererseits endeten die Verhandlungen um neue Lieferkonditionen damit, dass Krüger dem Baustoffhändler Zugeständnisse abringen konnte. Genau das wollte die Handelskette zu Beginn nicht. Außerdem versetzte dieser Zeitgewinn Krüger in die Lage, neue Kunden zu gewinnen und seine anderen Bestandskunden auszubauen. Das machte ihn für die Zukunft unabhängiger von dem Großabnehmer.

> Wenn es im ersten Moment nicht zu einer Einigung kommt, muss das kein Nachteil sein.

Sie sehen, wenn es im ersten Moment nicht zu einer Einigung kommt, muss das nicht nachteilig sein. Eine Verhandlung ist nur dann gescheitert, wenn einer der Beteiligten aufsteht und geht – und dann in der Folge vermeidet, die Verhandlung erneut aufzunehmen. Das ist definitiv keine Option. Wieder einmal bietet hier der Sport ein gutes Beispiel. Wenn bei einem Tennisspiel einer der beiden Spieler den Schläger beiseite legt, können beide Parteien nicht weiterspielen. Das Spiel ist beendet. Selbst der, der das Spiel abbricht, hat nichts davon – er wird als schlechter Verlierer gelten. Und wer will das schon?

Eine Verhandlung kann stocken, mal sitzt man fest und glaubt, nicht weiterzukommen. Gerade wenn es Ihnen sinnlos erscheint, weiterzumachen, kann ich Ihnen nur raten: Verhandeln Sie weiter! Suchen Sie Alternativen. Denken Sie an den Wahrnehmungspositionswechsel: Was sieht der Gegner? Geht es ihm ähnlich wie Ihnen selbst? Was könnte für ihn ebenfalls ein Plus in dieser Verhandlung sein? Kann es in seinem Sinn sein, die Verhandlung abzubrechen?

Halten Sie sich immer wieder vor Augen: Es besteht kein Abschlusszwang! Wahrscheinlich ist das bei Ihrem Verhandlungspartner genauso wenig der Fall wie bei Ihnen. Bedenken Sie also, dass es immer mehrere Wege zum Ziel gibt. Sehr oft ist auf dem einmal eingeschlagenen Weg zum Ziel ein Richtungswechsel oder gar das Wechseln auf eine neue Route notwendig. Bereits im vierten Kapitel haben Sie dieses Konzept kennengelernt. Um im konkreten Fall die nötige Gelassenheit zu entwickeln, sollten Sie sich immer wieder vor Augen halten: Es besteht kein Abschlusszwang. Oft ist allein ein Weiterführen oder auch nur ein Vertagen der Verhandlung auf einen neuen Termin ein Gewinn, wie Sie am Beispiel des Zementwerks gesehen haben. Nur durch das ständige Aufschieben der Gespräche erreichte Herr Krüger ein Plus gegenüber dem Ausgangsszenario, das für ihn nur Verluste vorsah. Krüger konnte einige Monate zu alten Konditionen weiterliefern und gewann Zeit für Umstrukturierungen und Neukundengewinnung. Das hätte eventuelle Verluste ausgeglichen, wäre es zu einem schlechteren Vertragsabschluss gekommen.

Politische Verhandlungen sind ebenso ein gutes Beispiel für den Ratschlag, Verhandlungen nie abbrechen zu lassen. Wie oft werden Koalitionsgespräche, Tarifverhandlungen oder andere Treffen offiziell als gescheitert betrachtet! Doch Tage später stellt sich heraus, dass Unterhändler sich die ganze Zeit bemühten, die Partner wieder an einen Tisch zu bringen. Dieser Meldungsablauf verrät, dass beide Parteien durchaus auch weiterhin zu einem Gespräch bereit waren, auch wenn man einzelne Treffen und Gespräche zu dem Thema als »gescheitert!« bezeichnete. Das kann auch eine Taktik gewesen sein, um Druck auf den Verhandlungspartner aufzubauen.

Wichtig ist in allen Fällen: Nicht aufgeben! Signalisieren Sie immer wieder, dass Sie flexibel und bereit sind, über Alternativen nachzudenken, auf andere einzugehen und sich anders auf

8 Die Verhandlung

das Ziel zuzubewegen. Der US-amerikanische Senator *J. Willliam Fulbright* (1905-1995), nach dem das renommierte Fulbright-Programm in den USA benannt ist, sagte einst:»Halt dir alle Türen offen – denn warum eine Tür zuschlagen, wenn man sie auch anlehnen kann?«

Er hatte Recht. Bei den meisten Verhandlungen ist von vornherein klar, dass man sich einigen muss. In der Verhandlung dem Gegner die metaphorische Tür vor der Nase zuzuschlagen, wäre geradezu Selbstmord. Man schneidet sich ins eigene Fleisch. Tarifverhandlungen sind ein gutes Beispiel dafür. Hier steht von vornherein fest, dass sich beide Parteien einigen werden. Die Frage ist nur: wann? Doch das ist für die Parteien zunächst von untergeordnetem Interesse, denn ein Scheitern ist von vornherein keine Option. Es würde bedeuten, dass die Arbeitnehmer keine Arbeit und damit keinen Lebensunterhalt mehr hätten. Die Arbeitgeber wiederum hätten keine Arbeiter und damit kein Geschäft mehr. Beiden Parteien wäre also die Lebensgrundlage als solche entzogen. Aus diesem Gesichtspunkt heraus steht von vorneherein fest, dass es eine Einigung geben wird. Wichtig sind nur noch die Bedingungen, unter denen die Einigung stattfinden wird.

> Bei den meisten Verhandlungen ist von vornherein klar, dass man sich einigen muss.

An dieser Stelle höre ich in meinen Seminaren oft einen Einwand, oder besser, eine Frage: »Ist ein Schwebezustand überhaupt erstrebenswert?« Ich sage ja. Das Beispiel des Zementwerkbesitzers nannte ich Ihnen schon. Für ihn bedeutete der Schwebezustand, die Verzögerung, in jedem Fall ein Plus gegenüber den Verlusten, die die Ausgangssituation für ihn bedeutet hätte.

Aber auch im privaten Umfeld lässt sich das hervorragend verdeutlichen. Ich beschreibe Ihnen eine Situation, die jeder von Ihnen zumindest nachvollziehen kann. Ihr Vermieter möchte seine Miete erhöhen. Sie sehen jedoch keinen Grund dafür. Das

Parkett wurde beispielsweise noch nicht versiegelt, das Bad ist auch nicht mehr das Allerneueste und die Heizkostenrechnung ist nur deshalb höher als bei Ihren Freunden, weil der Vermieter schon seit drei Jahren die Erneuerung der Fenster vor sich herschiebt. Trotzdem, in dem Augenblick, in dem man den Brief des Vermieters zum ersten Mal in der Hand hält, scheint es nur zwei Möglichkeiten zu geben: Die Mieterhöhung in Kauf zu nehmen oder umzuziehen.

Ein Schwebezustand kann durchaus erstrebenswert sein.

Alternativ dazu könnte man mit dem Vermieter in Verhandlung treten. Man könnte sagen, dass man durchaus bereit ist, die erhöhte Miete zu zahlen, wenn das Parkett endlich versiegelt wird oder die neuen Fenster eingebaut werden. Man hat also Möglichkeiten zur Verhandlung in der Hand. Wie bei meinem Kunden, dem Betreiber des Zementwerks, gilt: Je länger sich die Verhandlungen hinauszögern, desto größer ist das Plus für Sie. Denn für jeden Monat, in dem keine Entscheidung fällt, bleibt die Miete für Sie gleich. Im Grunde genommen ist das Wasserglas – sprich, der Geldbeutel – in diesem Moment noch halb voll und wird nicht geleert, wie durch einen voreiligen Umzug oder eine sofortige Mieterhöhung.

Ein aktuelles Beispiel, das hierzu gut passt, erlebte ich bei einem Kunden. Der Kunde, Hubert, war ein regionaler Abfüller von vornehmlich Mineralwasser und Limonadengetränke. Einer von Huberts Hauptkunden war eine Supermarktkette, die ebenfalls nur regional agiert. Beide Geschäftspartner waren quasi auf Augenhöhe. Aufgrund eines Preiskampfes unter den Handelsketten wurde das Mineralwasser in den Supermärkten immer billiger. Das betraf Hubert ebenso wie die regionale Handelskette. Natürlich widersprach das den Geschäftsinteressen Huberts. Huberts Kunde wollte den Preis für das Mineralwasser reduzieren und dabei gleichzeitig höhere Rabatte einfordern. Hubert war entsetzt und lehnte diese Forderung ab. Er versuchte, den Preiskampf mit einem erhöhten Abnehmerpreis für die Supermärkte zu beantworten.

8 Die Verhandlung

Kurzerhand listete die regionale Supermarktkette alle Produkte Huberts in ihren Läden aus. Damit wollten die Betreiber der Supermarktkette Druck auf Hubert ausüben; in dem Wissen, dass das Mineralwasser und die Limonadengetränke sehr beliebt bei der Kundschaft sind. Diese Auslistung erwies sich jedoch nur als ein Mittel in dieser Verhandlungssituation. Es war eine ungewöhnliche Taktik (siehe hierzu auch Kapitel 4), doch sie hatte Wirkung. Innerhalb einer Woche hatten sich beide Vertragspartner geeinigt. Hubert senkte tatsächlich die Preise, damit die regionale Handelskette im Preiskampf beim Mineralwasser mit den anderen viel größeren Handelsunternehmen bestehen konnte. Für Hubert war entscheidend, dass er diesen wichtigen Kunden weiter beliefern konnte, schließlich ging es für ihn um sehr große Abnahmemengen. Auch an diesem Beispiel ist zu sehen, dass ein vermeintliches Scheitern oft keines ist, sondern nur eine Taktik.

Übrigens ist das ebenfalls eine Übung wert, spätestens in der gut vorbereiteten Simulation: Verhandeln Sie nach Kräften, aber stehen Sie in keinem Fall auf und gehen Sie. Lassen Sie das Team der »Anderen« unter keinen Umständen einfach sitzen und geben das Gespräch auf. Auch eine Nicht-Einigung, auch ein Ablehnen der eigenen Vorschläge muss noch lange kein Nachteil für Sie und das »Wir«-Team bedeuten. Bricht der Gegner – scheinbar – ab, kann auch das eine Taktik als Teil seiner Strategie sein. Beides haben Sie im vierten Kapitel kennengelernt. Sie sollten das also auch bei Ihrem Verhandlungspartner, beim Team der »Anderen«, erkennen können.

> Bricht der Gegner – scheinbar – ab, kann auch das eine Taktik als Teil seiner Strategie sein.

Es gibt sehr viele Strategien und auch Taktiken, die von den »Anderen« angewandt werden können und die man aller Vorbereitung zum Trotz selbst schwer durchschaut, manchmal sogar gar nicht. Deshalb lautet der zweite bedeutende Tipp dieses Kapitels: Gehen Sie nie ohne Begleitung in eine Verhandlung. Stellen Sie sich immer die Frage, wer Ihnen in einem Gespräch zur Seite stehen kann und sei es nur, um Ihnen allein durch seine Anwesenheit den Rücken zu stärken.

Besonders wichtig und deutlich wird dieser Ratschlag, wenn Sie emotional vorbelastet in eine Verhandlung gehen. Und Hand aufs Herz: Wer könnte sich ganz davon freisprechen? Es ist sehr häufig sinnvoll, jemanden mitzunehmen, der dem Verhandlungsgegenstand neutral gegenübersteht. Erst kürzlich konnte ich den Nutzen dieses Tipps wieder einmal unter Beweis stellen. Ein Bekannter, Johann, wollte eine Gewerbeimmobilie kaufen. Johann ist ein guter Verhandler.

Man sollte meinen, gerade er brauche keine Hilfe beim Kauf. Er hatte sich bereits einige Immobilien angesehen. Im Geiste hatte er sich bereits für eine entschieden. Obwohl ihm die Regeln des Kaufens und Verkaufens klar waren, bat er mich trotzdem, ihn beim nächsten Treffen mit dem Makler vor Ort zu begleiten. Mein Eindruck war, dass Johann seine Wunschimmobilie im Geiste bereits gekauft hatte. Johann war Profi genug, dass er selbst fürchtete, er könnte etwaigen Strategien und Taktiken des Maklers und des Verkäufers gegenüber blind sein. Das hätte natürlich unter Umständen erhebliche Nachteile für ihn bedeutet. Johann brauchte also jemanden, der für die Zwischentöne auch weiterhin empfänglich war.

Gehen Sie nie ohne Begleitung in eine Verhandlung!

Selbstverständlich erklärte ich mich bereit, ihn zu begleiten und ihm mit Rat und Tat zur Seite zu stehen. Es stellte sich heraus, dass es nötig war. Bei der Besichtigung des Gebäudes kam auch eine Sicherheitsanlage zur Sprache. Der Makler war natürlich im Sinne des Verkäufers bestrebt, diese als einen großen Vorteil des Gebäudes darzustellen und pries, dass diese Überwachungsanlage auch schon Rauchentwicklung in entlegenen Kellerräumen entdeckt hätte.

Während Johann nun erfreut darüber war, dass das Gebäude einen neuen Vorteil zu haben schien, wurde ich hellhörig. Eine Rauchentwicklung im Keller? Ich sprach den Makler darauf an.

Es stellte sich heraus, dass im Keller dieser Gewerbeimmobilie tatsächlich ein Schwelbrand stattgefunden hatte. Auch wenn dieser glücklicherweise – nicht zuletzt dank der Raumüberwachungsanlage – schnell gelöscht und leicht repariert werden konnte, so war es doch ein Schaden am Gebäude. Der Verkäufer hatte zwar den Makler davon in Kenntnis gesetzt, aber der Makler hat gegenüber meinem Bekannten nichts erwähnt.

Dank dieses Umstandes konnten wir einen kräftigen Preisnachlass erreichen. Das war ein Vorteil in der Verhandlung, den Johann allein nicht erreicht hätte. Es wurden in dem Verkaufsgespräch durch die Anwesenheit eines neutralen Dritten alternative Möglichkeiten zur vorhandenen Einigung bekannt. Durch die Kenntnis neuer Fakten fand das BATNA-Prinzip Anwendung. Das Nachfragen und Zusammenfügen von weiteren Details führten dazu, dass anders und neu verhandelt werden konnte.

Oft höre ich Einwände gegen einen solchen Begleiter. Die Vorbehalte sind groß, jemanden in ein Verhandlungsgespräch mitzunehmen, der verhältnismäßig unbeteiligt an den Gesprächsinhalten ist. Wie stellt man eine dritte Person der Runde vor? Welche Aufgabe hat der Dritte? Was macht man selbst? Wie ist das Zusammenspiel zwischen dem Dritten und einem selbst? Ich antworte dann auf diese Vorbehalte: Das sind Umsetzungsschwierigkeiten, die überwunden werden können. In dem Augenblick, in dem Sie anfangen, sich diese Fragen zu stellen, sollten Sie schon jemanden mit in die Verhandlung nehmen, denn in diesem Augenblick sind Sie selbst nicht mehr neutral.

Von vornherein zu planen, eine Verhandlung nicht allein, sondern zu zweit oder gar zu dritt zu führen, hat einige Vorteile. Man kann sich während des Dialogs zumindest zeitweise zurücklehnen. Andere kommen dann zum Zug, was unter Delegation von Aufgaben fällt und damit zur Eigenentlastung beiträgt. Außerdem eröffnet der Blick aus vier statt zwei Augen immer wieder neue

Von vornherein zu planen, eine Verhandlung nicht allein zu führen, hat einige Vorteile.

Alternativen und Perspektiven (siehe BATNA). Damit lässt sich ebenfalls die erste Prämisse dieses Kapitels einfacher im Hinterkopf behalten: Je weniger Möglichkeiten man zu haben glaubt, desto weniger darf eine Verhandlung abgebrochen werden! Das lässt sich zu zweit wesentlich einfacher erreichen als allein.

Zudem ist es nützlich, auch nach der Verhandlung die Ergebnisse noch einmal von verschiedenen Seiten beleuchten zu können. Oft gehen Verhandlungen – scheinbar, wie ich oben aufzeigte – ergebnislos auseinander. Im Büroalltag ist so etwas mit Vorurteilen und Druck belastet. Oft kommt der Chef und fragt ungehalten, warum kein Ergebnis vorzuweisen ist.

Auch hier ist es sinnvoll, Alternativen und Optionen aufzeigen zu können. Für diese Situationen gilt ebenso: Vier Augen sehen mehr als zwei und können unter Umständen besser erklären, warum der Satz »aufgeschoben ist nicht aufgehoben« gerade jetzt gilt. Außerdem können sich in einer neuen Verhandlungsrunde wieder ganz andere Möglichkeiten ergeben. Hinzu kommt, dass selbst die Unterredung mit dem Vorgesetzten neue Optionen für den nächsten Verhandlungstermin aufzeigen kann.

Ein gutes Argument lautet: Wer die Verhandlungen, die Gespräche aufrechterhält, zu dessen Vorteil verlaufen sie in der Regel auch!

Planen Sie den Verhandlungstermin selbst zeitlich großzügig.

Das bringt mich zum dritten Tipp in diesem Kapitel. Planen Sie den Verhandlungstermin selbst zeitlich großzügig. Verlieren Sie darüber kein Wort. Das ist ebenfalls ein Teil der Strategie, denn die Frage, die zu Beginn einer Verhandlung immer im Raum steht, ist: Für wen läuft die Zeit? Sorgen Sie dafür, dass die Zeit nicht gegen Sie läuft. Planen Sie beispielsweise die An- und Abreise großzügig. So vermeiden Sie Zeitnot, wenn sich die Gespräche länger hinziehen als gedacht. Das kann immer wieder vorkommen, genau wie das Warten auf den Gesprächspartner.

Bedenken Sie, dass auch das Warten zum Bestandteil der Verhandlungsstrategie gehören kann: Man wird beispielsweise nach verspäteter Anreise mit der Bahn oder wegen Stau auf der Autobahn in ein Wartezimmer geführt, hat vielleicht schlecht gefrühstückt und bekommt keinen Kaffee. Nach einer langen Wartezeit wird man in das Besprechungszimmer gebracht; vielleicht ist es kalt, vielleicht zu überheizt, immer noch stehen keine Getränke bereit, man wartet weiter. Das sind alles Dinge, die Einfluss auf die Gespräche haben.

Seien Sie also vorbereitet! Nehmen Sie sich noch einmal die Unterlagen vor, stecken Sie zu Hause oder im Hotel noch einen Apfel oder ein Butterbrot und eine Flasche Wasser, ein Buch oder eine Zeitung mit ein. Beschäftigen Sie sich in der Wartezeit – vielleicht sogar mit dem Jahresbericht der Firma, die Sie besuchen und der im Besprechungszimmer ausliegt.

Durch solche Planungen und Vorbereitungen sind Sie nicht gereizt, wenn es dann endlich ans Eingemachte geht und die Verhandlung beginnt. Sie umgehen damit bewusste oder auch unbeabsichtige Störungen im Vorfeld der Gespräche. Dass das möglich ist, beschrieb ich schon im sechsten Kapitel. Mit einer entspannten Haltung vermeiden Sie den Druck, der von den Gegnern durch zum Beispiel das Warten lassen ausgeübt wird. Denn damit kann Ihr Verhandlungspartner bereits einen Einfluss zu seinen Gunsten beabsichtigen. Entscheidend ist immer: Gehen Sie mit einer positiven Einstellung in die Verhandlung! Es ist von enormer Bedeutung, dass Sie Gelassenheit und ein gutes Gefühl ausstrahlen, denn nur dann sind Ihre Verhandlungen von Erfolg gekrönt.

> Mit einer entspannten Haltung vermeiden Sie den Druck, der von den Gegnern ausgeübt wird.

Erinnern Sie sich noch an die Fußballweltmeisterschaft im Sommer 2014 in Brasilien? Waren das packende Spiele und Emotionen! Am Ende des Turniers wurde die deutsche Mannschaft Weltmeister durch das 1:0 von Mario Götze in 113. Spielminute im Entscheidungsspiel gegen Argentinien. Was hat das mit Verhandlungen gemein? Sehr viel! Zwar geht es beim Fußball nicht um Verhandlungen, aber die Vorbereitungen, das Training und die Umsetzung weisen Parallelen auf und bieten ein gutes Beispiel zur Orientierung.

Ziel eines Fußballspiels ist es, zu gewinnen. Eine Strategie beim Fußball im Sinne von »Win-Win« zu verfolgen, widerspricht der Logik dieses Sports. Es gab jedoch Fußballmatches, denen eine »Win-Win«-Spielweise nachgesagt wird. Das Ergebnis hilft sowohl der einen Mannschaft, als auch ihrem Gegner. Gewonnen im Verständnis eines klaren Sieges hat jedoch keiner. Mit Sicherheit wird Bundestrainer Jogi Löw seinen Jungs bereits in den Qualifikationsrunden gesagt haben: »Raus aus der Win-Win-Falle, Ihr spielt, um zu siegen und zu gewinnen! Wir wollen Weltmeister werden!«

Mit seinem Trainerstab bereitete Löw die Mannschaft schon lange vor der Weltmeisterschaft auf das Ereignis vor. Trainingsphasen, Freundschaftsspiele, theoretische Spielvorbereitungen, das Sammeln von Informationen über die möglichen und bevorstehenden Gegner, Videoanalysen, das Nachstellen von Spielsituationen, Positionswechsel, mentales Training gehörten ebenso dazu wie die wichtigen Qualifikationsspiele. Nichts sollte dem Zufall überlassen werden. Selbst während der Weltmeisterschaft galt: Nach dem Spiel ist vor dem Spiel. Lief etwas nicht ganz nach Plan, wie der Ausfall einiger Spieler, so wurde umdisponiert. Auch das wurde immer wieder trainiert. Eine Alternative wurde genutzt, um das Ziel dennoch zu erreichen. Schließlich reisten Fußballspieler mit, die zwar im Ernstfall »Ersatz« sein mussten. Jedoch bestand ihre Hauptaufgabe darin, das Team zu unterstützen und durch ihre Erfahrungen Sparringspartner zu sein wie zum Beispiel Roman Weidenfeller oder Lukas Podolski. Sie sehen, wie sehr der Sport Parallelen für Verhandlungen bietet.

8 Die Verhandlung

Vor jedem Spiel wurde trotz aller Trainingseinheiten die Mannschaft neu eingestellt und ausgerichtet. Das Ziel blieb: Gewinn der Fußballweltmeisterschaft.

Dazu gehörte ein ganz entscheidender Punkt, der vor und nach den Spielen zu beobachten war. Viele der Spieler kannten sich untereinander. Sie waren oder sind Vereinskameraden, obwohl sie in verschiedenen Nationalmannschaften spielten. Teilweise wurden freundschaftlich die Hände geschüttelt. Aber mit dem Anpfiff zum Spiel waren sie Gegner. Es wurde hart und überwiegend fair gefightet. Nach dem Abpfiff waren sehr menschliche Szenen zu sehen. Die deutschen Spieler gingen auf die gegnerische Mannschaft zu und erwiesen ihnen für ihre Leistung Respekt, entweder durch einen Handschlag, ein Schulterklopfen oder wieder eine freundschaftliche Umarmung. Besonders bei den Spielen gegen Brasilien und Argentinien war das zu beobachten.

Ein Verhandeln mit »eiserner Faust« führt in den meisten Fällen zum Scheitern.

Beim Verhandeln geht es ebenso wenig darum, den Gegner am Boden zu sehen. *Verhandeln um zu siegen* beinhaltet keineswegs ein Verhandlungsende, an dem der andere sein Gesicht verliert. Ein Verhandeln mit »eiserner Faust« führt in den meisten Fällen zum Scheitern. Verständnis für den Gegner, eine weiche Einstellung selbst bei entgegengebrachter Härte und Provokation und die Vermeidung, sich von der aggressiven Haltung eines Gegners anstecken und hinreißen zu lassen, führt schließlich zum Erfolg. Hätte Bastian Schweinsteiger im Endspiel auf das Foul an ihm, in dessen Folge er eine Platzwunde im Gesicht erlitt, mit Aggressionen reagiert, wäre der Sieg unter Umständen gefährdet gewesen. Er spielte besonnen weiter. Das gute Gefühl blieb erhalten, was auch nach dem Spiel offensichtlich war. Genau darum geht es auch bei Verhandlungen.

Nachfolgend habe ich für Sie eine Checkliste zusammengestellt, die Sie auch als Ordnungssystem für Verhandlungstermine verwenden können. Die meisten Punkte sind Ihnen aus den vorangegangenen Kapiteln

Checkliste als Ordnungssystem für Verhandlungstermine

schon bekannt. Sie können die Liste vor der Verhandlung durchgehen, um das Gespräch vorzubereiten. Ebenso können Sie damit eine Simulation aufbauen. Ich empfehle Ihnen ferner, die Liste mit in die eigentliche Verhandlung zu nehmen, um sich dort Eckpunkte klarzumachen und zu notieren, die Ihnen auch im Gespräch noch Alternativen oder neue Gesichtspunkte aufzeigen. Das ist auch in der Nachbereitung des Gesprächs von Nutzen.

1. Umwelt
   - Ort – bei dir/bei mir/neutraler Ort
   - Setting – hier ist die Sitzordnung gemeint. Wo sitze ich? Werde ich durch die Sonne geblendet? Sitze ich mit dem Rücken zur Tür? Wo sitzt der Kollege, der mich begleitet? Gibt es Distanzzonen? Ist es zu kalt oder zu heiß? Ähnliche Fragen sollten dann auch bei der Auswahl der Kleidung einbezogen werden.
2. Verhalten (Was tue ich und wie mache ich das?)
   - Rahmen – den wir aufmachen (positive/negative Berichterstattung)
   - Zielraum – der Raum, innerhalb dessen mein Ziel noch erreicht ist
   - Spielraum – wieviel kann ich in das System eingeben, ohne meinen Zielraum zu verlassen?
   - Strategien – die wir in der Verhandlungsführung anwenden können
   - Bin ich Raucher? Ist einer meiner Verhandlungspartner oder Kollegen Raucher? Unabhängig, wie man selbst zum Rauchen steht – das ist eine wichtige Frage! Raucher werden ohne Zigarettenpause manchmal so nervös, dass man nicht mehr mit ihnen arbeiten kann. Auch umgekehrt gesehen ist das ein wichtiger Punkt, den man in die eigenen Verhandlungsvorbereitungen einbeziehen muss, da sich daraus im schlimmsten Fall einen enormen Nachteil in der Verhandlung ergeben kann.

3. Fähigkeiten
   Umsetzen der Strategien durch den Einsatz unserer Fähigkeiten; wie hypnotische Sprachmuster, Körpersprache, Argumentationsfähigkeit. Wichtig sind hier auch innere Fähigkeiten wie Empathie (bin ich in der Lage, mich in den Verhandlungsgegner einzudenken oder einzufühlen? Stichwort: Wahrnehmungspositionswechsel); Beständigkeit und Ausdauer fallen ebenfalls unter diesen Punkt.
4. Glauben/Werte
   Was ist mir wichtig? Was glaube ich ...
   - ... von mir? Ist das Stichwort hier Fairness, dann darf ich nicht dasitzen und die Wand anschweigen, dann muss ich mich einmischen, wenn es unfair wird und somit den Begriff Fairness auch vermitteln. Sprich: Ich muss mir darüber klar werden, was ich selbst will und dieses Ziel leben (vergleiche Kapitel 6)
   - ... von meinem Verhandlungspartner (auch hier hatte ich Ihnen im sechsten Kapitel eine Übung empfohlen)?
5. Identität
   Als wer gehe ich in die Verhandlung?
   - Als gleichwertiger Partner (wie das geht, haben Sie im siebenten Kapitel erfahren)?
   - Größer oder stärker?
   - Kleiner oder schwächer?

Von enormer Bedeutung ist, dass Sie mit der Einstellung in die Verhandlung gehen, dass Sie und Ihr Verhandlungspartner auf Augenhöhe sind! Denn das, was Sie ausstrahlen, wird von den anderen Teilnehmern auch aufgenommen. Denken Sie an das Coaching, das Sie in Kapitel 6 finden.

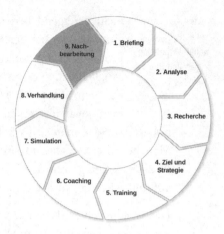

9 Die Nachbereitung: Nach der Verhandlung ist vor der Verhandlung

Ihre Verhandlung ist beendet. Aber ist sie das wirklich? Der Untertitel dieses Kapitels erinnert an das Zitat »Nach dem Spiel ist vor dem Spiel« des legendären Fußballspielers und -trainers Sepp Herberger, das in vielen Lebenslagen gilt. Dazu zählt auch Ihre Verhandlung, die auf der Basis Ihres Geschäftsverhältnisses zu Ihrem Kunden oder Partner beruht.

Grundsätzlich sollten Sie die Nachbereitung eines Verkaufsgesprächs oder einer geschäftlichen Verhandlung auf zwei Ebenen vollziehen, wie im zweiten Kapitel bereits veranschaulicht: Auf der Sachebene, der Ebene der Zahlen und Fakten, und der Beziehungsebene, der menschlichen Komponente. Was auch immer Sie aus Ihrer Verhandlung mitnehmen, es gehört in eine dieser beiden Kategorien.

Gut geübte Verhandler, wie beispielsweise Verkäufer, Vertriebler oder Key Account-Manager sind gewohnt, Verhandlungen und ihre Ergebnisse zu protokollieren – also schriftlich festzuhalten. Ich erlebe in meiner Praxis häufig, dass diesem Punkt

> Gut geübte Verhandler sind gewohnt, Verhandlungen und ihre Ergebnisse zu protokollieren.

nicht genügend Bedeutung beigemessen wird. Das beginnt bereits bei der Frage, wer denn die Aufgabe der Protokollierung übernehmen soll. Es bietet sich die Möglichkeit, alles mitzuschreiben, was gesagt wird, wie Zusagen, Absprachen, Widersprüche. Vielleicht kann man sogar den einen oder anderen privaten Eindruck notieren, dessen man sich während des Gesprächs bewusst wird. Manche schenken diesem sinnvollen Rat so wenig Beachtung, dass oft derjenige mit dem Protokollieren der Verhandlung beauftragt wird, der in der Runde am unwichtigsten scheint.

Das ist ein Fehler. Wer gut verhandeln kann, ist sich bewusst, welche Zusagen und Absprachen er treffen kann und welche er nachhalten beziehungsweise einhalten muss. Das ist jedoch keine Selbstverständlichkeit. Meist schleichen sich selbst bei den erfahrenen und faireren Verhandlungspartnern Nachlässigkeiten ein. Absprachen und Zugeständnisse sind in einer Verhandlung schnell gemacht. Beim Nachhalten und Einhalten dieser Vereinbarungen jedoch hapert es in der Praxis. Besonders in den letzten Jahren hat sich zunehmend eingeschlichen, dass – besonders mündlich – vereinbarte Dinge im Nachhinein gern »vergessen« werden. Das ist zu einer Art Masche geworden.

> Oft werden Zugeständnisse gemacht, ohne diese schriftlich festzuhalten.

Doch auch die Partei, zu deren Gunsten die Zusagen gemacht wurden, vernachlässigt die Überprüfung der Einhaltung des Vereinbarten. Das kann gravierende Nachteile haben. Zum einen führt es dazu, dass der Verhandlungspartner sich dann kaum gezwungen sieht, seine Verpflichtung zu leisten. Das bedeutet geldwerte Verluste. Zum anderen verzichten Sie selbst auf handfeste Vorteile, die sich aus diesen Zusagen ergeben könnten – und das ohne Notwendigkeit.

Der Grund liegt auf der Hand: Bestehen keine schriftlichen Notizen, haben Sie keinerlei Garantie, dass Ihr Gegenüber die gemachten Aussagen auch wirklich einhalten muss. Oft werden Zugeständnisse gemacht, ohne diese schriftlich festzuhalten.

9 Die Nachbereitung

Wenn Sie dann nach der Verhandlung wieder zum geschäftlichen Alltag übergehen, warten Sie vergeblich auf die Umsetzung des Versprechens.

In der Praxis stellt sich das so dar: Um einen Preisnachlass bei Ihnen zu erwirken, stellt Ihr Verhandlungspartner ein Folgegeschäft in Aussicht. Das kann im konkreten Fall eine Firmenfeier sein, ein Erweiterungsbau, der bereits geplant ist oder ein Sonderkatalog, der im Herbst bereits realisiert werden soll. Doch nach dem vollzogenen Geschäft vergeht die Zeit und Sie warten vergeblich auf den versprochenen Folgeauftrag. Selbst wenn Sie den Verhandlungspartner darauf ansprechen, gibt dieser unter einer Vielzahl von Gründen vor, dass angesprochenen Aktionen bedauerlicherweise verschoben werden müssen; trotzdem »stehen Sie ganz oben« auf seiner Liste.

Doch wieder geschieht nichts. Schließlich geben Sie auf, weil auch der Andere mit fortschreitender Zeit vorgibt, sich an diesen Teil des Verhandlungsergebnisses nicht mehr erinnern zu können. Leider haben Sie es versäumt, die Zusage schriftlich zu fixieren und damit haben Sie keinen Beleg, der den anderen schwarz auf weiß an das Verhandlungsergebnis erinnert.

Für den Gesprächspartner in der Verhandlung bedeutet eine solche Strategie natürlich eine bedeutende Machtposition. Sie selbst geben ihm diese im Gespräch, wenn Sie versäumen, die Ergebnisse Ihrer Verhandlung schriftlich festzuhalten. Der Verhandlungspartner kann Sie also durch Zusagen zu Zugeständnissen bewegen, die er hinterher aber nicht einhalten muss. In so einem Fall hat ihr Geschäftspartner in jeder Beziehung gewonnen, während Sie das Nachsehen haben.

Es ist daher sinnvoll, vielleicht sogar notwendig, alles Besprochene festzuhalten. Das kann zunächst in Form von Notizen sein, die später in Gestalt eines förmlichen Protokolls aufbereitet werden. So können sich beide Seiten an das halten, was nachweislich vereinbart

Einigen Sie sich vorher darüber, dass Sie die Ergebnisse und das Gespräch schriftlich festhalten.

wurde. Dabei ist auch entscheidend, dass Sie sich vorher darüber einigen, wer die Ergebnisse und das Gespräch schriftlich festhält. Geben Sie diese Aufgabe nicht aus der Hand! Es sollte in jedem Fall jemand sein, der dem »Wir«-Team, also Ihrem eigenen Team, angehört. Dennoch ist zu empfehlen, dass Sie selbst Notizen anfertigen. Unwägbarkeiten, Interpretationsspielraum in den Notizen wird es immer geben. Das liegt in der Natur der Verhandlung. Sie können die Wahrscheinlichkeit, dass so etwas passiert, durch die Übernahme dieser verantwortungsvollen Aufgabe minimieren. Das Protokollieren fällt leichter, wenn Sie sich an dieser Stelle daran erinnern, über welche Aspekte der Verhandlung Sie im Vorfeld bereits nachgedacht haben. Sie gehen wie bei einer Checkliste Ihre Punkte im Geiste, beziehungsweise auf dem Papier nochmals durch.

Um der Gefahr von Grauzonen bei Vereinbarungen zu entgehen, kann man mittlerweile Firmen beauftragen, die sich auf die Beratung, die Prüfung und Kontrolle so entstandener Vertragswerke spezialisiert haben. Ihre Aufgabe ist es, einen entstandenen Vertrag auf seine Nachhaltigkeit hin zu überprüfen. Sie kontrollieren vereinbarte Fristen, Liefertermine und Stückzahlen darauf hin, ob diese eingehalten werden können, damit keinem der beiden Vertragspartner ein Nachteil entsteht. Wurde etwas nicht zum vereinbarten Termin eingehalten, pochen sie auf die Erfüllung der Bedingungen und Zusagen. Legen Sie das abgemachte Vertragswerk extrem streng aus und halten sich genau an das, was im Vertrag steht. Ist ein Punkt vergessen worden oder schwammig formuliert, sollten Sie auf Nachbesserung bestehen. Schlupflöcher, die es dem einen oder anderen Vertragspartner ermöglichen könnten, gewisse für ihn nachteilige Versprechungen nicht einzulösen, werden schnell gefunden und durch entsprechende Nachverhandlungen geschlossen.

9 Die Nachbereitung

Je nach Größenordnung der Verhandlung ist die Arbeit eines neutralen Dritten, der die Nachhaltigkeit und die Umsetzung solcher Verträge kontrolliert, durchaus zu empfehlen. Oft bedeutet das für Unternehmen, dass unnötige Ausgaben gestoppt werden und Vorteile nicht mehr verlorengehen. Viele Handelsketten verdienen durch derart schwammig formulierte Verträge und Liefervereinbarungen Millionen. Um so etwas für sich selbst zu vermeiden, erinnern Sie sich an den Spruch von Sepp Herberger quasi als Eselsbrücke: Nach dem Spiel ist vor dem Spiel! Oder wie der Untertitel des Kapitels lautet: Nach der Verhandlung ist vor der Verhandlung.

Viele Handelsketten verdienen durch schwammig formulierte Verträge und Liefervereinbarungen Millionen.

Im dritten Kapitel ging es um die Überprüfung jeder Stelle Ihrer Verhandlung, um Ihre Optionen und Ihre Strategie. Wirklich jeder Punkt kann ein Ansatz zu neuen Gesprächen, zu Nachbesserungen und Neuverhandlungen sein! Selbst wenn für Sie alle Fragen geklärt sind, muss das nicht unbedingt auch für Ihren Verhandlungspartner gelten. Sie können nicht für Ihr Gegenüber sprechen. Ihre Zufriedenheit über den Verlauf der Verhandlung kann von der Gegenseite ganz anders beurteilt werden. Vielleicht ist der Verhandlungspartner derjenige, der ein Schlupfloch sucht, Vereinbartes, gemachte Versprechen und Zugeständnisse nicht einhalten oder nicht nachhalten zu müssen und sich – kurz gesagt – zu drücken. Auch jetzt noch könnte der Verhandlungspartner versuchen, Vorteile für sich zu erwirken. Seien Sie sich dessen bewusst: Entweder versucht er es sofort – oder vielleicht doch später!

Auch das Protokollschreiben kann in der Simulation geübt werden. Am besten ist es, wenn Sie selbst mitschreiben und davon absehen, dies aus irgendwelchen Gründen anderen zu übertragen. Sind Sie allein, dann empfiehlt sich eine Zusammenfassung am Schluss der Besprechung. Auf keinen Fall darf die Protokollführung der Gegenseite überlassen werden! Sie sollten auf keinen Fall darauf verzichten, selbst wenn die Umstände ungünstig für Sie sind. Mitschriften können nach Abschluss der Gespräche verglichen werden. Es können dadurch auch Missverständnisse im Vorfeld ausgeräumt und Lücken geschlossen werden. Das ist fair und kann zu Ihrem Vorteil sein, wenn gegebenenfalls nachgebessert und nachverhandelt werden soll.

In jedem Fall ist das Wichtigste an einer Verhandlung, dass umgesetzt wird, was versprochen und vereinbart wurde. Dabei spielt auch hier das allgemeine »gute Gefühl« – nicht nur Ihres, auch das Ihres Gegners – eine große Rolle. Bereits einen Schritt vorher setzt diese Maxime an. Das, was Sie erhandeln und versprechen, soll und muss in jedem Fall schriftlich festgehalten werden. Sie müssen selbst in der Lage sein, nachzuhalten und auf Zusagen zu bestehen, die vom Geschäftspartner gemacht wurden.

Noch ein weiterer Punkt sollte immer besprochen und im Anschluss auch schriftlich festgehalten werden: Was passiert, wenn Vereinbarungen unerfüllt bleiben? Bestehen Sie auf entsprechenden Aussagen! Das wird Ihnen einerseits helfen, dass Zugeständnisse oder Versprechen, die schnell gemacht sind, Substanz bekommen und auch nicht so leicht »vergessen« werden. Zudem können Sie den Gegner dazu bringen, sich festzulegen oder für Ersatz zu sorgen, falls das Vereinbarte unerfüllt bleibt.

Ein Scheck wird beispielsweise mit einem bestimmten Betrag bereits zu einem Besprechungstermin zugesagt. Jedoch wird er dann zu dem Termin vergessen. Das Nachreichen wird daraufhin versprochen. Sicher, so etwas kann passieren. Doch nachdem man auseinander gegangen ist, vergeht die Zeit, ohne dass der Scheck eintrifft oder die Überweisung auf dem Konto eingeht. Leider hat man während des Gesprächs versäumt, diesen Umstand zu notieren. Weder die Übergabe des Schecks selbst, noch ein bestimmter Termin oder eine Frist sind schriftlich fixiert worden. Ebenso blieb die Frage ungeklärt, was geschieht,

9 Die Nachbereitung

wenn der Scheck nicht eintrifft. Die Zeit vergeht, bis schließlich der Scheck völlig »vergessen« wurde. Bedauerlicherweise gehört das ab und an zum Kalkül der Gegenseite, die auf dieses Schlupfloch bei mündlichen Absprachen zielt. Es ist dann klare Berechnung und zudem unfair.

Vermeiden Sie das, indem Sie die Zusage der Scheckübergabe schriftlich festhalten und die Frage klären, was geschehen soll, wenn er zu einem bestimmten Datum nicht bei Ihnen eintrifft. So wird ebenfalls vermieden, dass vom Verhandlungsgegner im Nachhinein noch einmal nachgebessert werden kann!

Ich habe ein solches Beispiel in der Praxis erlebt. Ein Verkäufer eines Süßwarenherstellers, Martin, hat mit dem Einkäufer einer Handelskette, Sven, eine Aktion vereinbart: 1000 Displays, also Schaugestelle mit Ware, sollten gegen Geld an diese Handelskette ausgeliefert werden. Martin ließ die besonders für diese Handelskette gestylten Displays im Eilverfahren herstellen, da es sich um eine zeitgebundene Aktion handelte. Das entsprechende Geld für diese Leistung – den Verkauf in der Handelskette – wurde zügig überwiesen. Die Aktion schien perfekt. Doch dann wurden weder Displays noch Ware abgerufen. Die Zeit verging, bis sich nach einigem Nachforschen schließlich herausstellte, dass Sven, der den Handel perfekt gemacht hatte, die Displays intern in seinem Unternehmen nicht umgesetzt hatte. Es stellte sich weiter heraus, dass in den Ladengeschäften die Displays in der hergestellten Form nicht nutzbar waren.

> »Vergessen« gehört gelegentlich zum Kalkül der Gegenseite.

Martin konnte schließlich seine Ware doch noch an diese Supermarktkette verkaufen, doch sie musste per Hand aus den Displays entfernt werden, wodurch zusätzliche Kosten verursacht wurden. Zudem entfiel die auffällige Aktion den Käufern gegenüber – auch ein Verlust, wenn auch zunächst nicht messbar. Auch die Displays selbst verursachten noch Ärger: Martin war derjenige, der die Entsorgungskosten zu tragen hatte, waren sie doch personalisiert und somit nicht anderweitig verwendbar.

Solche Pannen lassen sich vermeiden. Sie sind unerfreulich für beide Vertragspartner. In der Verhandlung kann bereits geprüft werden, ob die Zusagen eingehalten werden können. Informieren Sie sich rechtzeitig über die Person, die Firma, das Unternehmen, mit dem Sie ins Gespräch kommen wollen. Manchmal lässt sich so etwas nicht im Voraus klären, sondern muss direkt nach der Verhandlung oder dem Verkaufsgespräch recherchiert werden. Auch hier gilt: Nach der Verhandlung ist vor der Verhandlung – und glücklich ist der, der das Gespräch protokolliert hat, weil er dann klare Anhaltspunkte für eventuelle Nachforschungen hat.

> Hier sollte alles Zwischenmenschliche betrachtet werden, das während der Verhandlung zu spüren war.

Neben dieser Sachebene ist ebenfalls die Beziehungsebene zu berücksichtigen. Damit ist die persönliche Ebene von Mensch zu Mensch gemeint. Hier sollte alles Zwischenmenschliche betrachtet werden, das während der Verhandlung zu spüren war. Zunächst sollten Sie sich selbst einschätzen: Wie habe ich gehandelt, wie habe ich agiert oder reagiert – auf Ergebnisse, auf Taktiken oder Strategien des Teams der »Anderen«, auf Einwürfe aus dem »Wir«-Team? Das ist nicht immer ganz leicht. Versuchen Sie trotzdem, dabei so objektiv wie möglich zu sein. Es trägt dazu bei, zu erkennen, wo Sie sich verbessern können, sich noch einmal ins Training begeben sollten oder ob sich gar für Sie ein Coaching lohnt.

Aber auch das Verhalten und die Reaktionen des Teams der »Anderen« sollte nachbereitet und analysiert werden. Auch hier ist ein Protokoll natürlich hilfreich. Die gesammelten Punkte können Ihnen auch als Hilfestellung dienen, um die besprochenen und mehrfach erwähnten wichtigen Recherchen und Vorarbeiten für eine Verhandlung nachzubereiten. Bestimmt klappt es dann beim nächsten Mal besser. Es ist nie von Schaden, über seine Verhandlungspartner Informationen zu besitzen, auch wenn Sie diese nur ein einziges Mal treffen sollten.

Von umso höherer Bedeutung ist dieser Gesichtspunkt natürlich dann, wenn sich aus einer gerade abgeschlossenen Verhandlung eine längerfristige Geschäftsbeziehung ergeben hat. Vielleicht können Ihre Beobachtungen Ihnen einen kleinen Vorteil beim nächsten Treffen verschaffen. Unvollständige Informationen können Sie zum nächsten Termin nachrecherchieren und so vervollständigen. Interessieren Sie sich – zu Ihrem eigenen Vorteil! – auch für die privaten Reaktionen und Vorlieben Ihres Geschäftspartners. Eine entspannte Atmosphäre ist besonders in einer längerfristigen Geschäftsbeziehung notwendig und angenehm für beide Seiten!

Im ersten Kapitel war die Rede davon, sich ein Beziehungsdiagramm aller Personen zu erstellen, die an der geplanten Verhandlung teilnehmen. Dieses Diagramm können Sie nun mithilfe Ihrer Beobachtungen vervollständigen. Das liegt ganz im Interesse der zukünftigen Gespräche und hilft Ihnen auch bei der Verhandlung selbst. Nehmen Sie gern den Wahrnehmungspositionswechsel dabei vor. Ihr Verhandlungspartner hat nun im wahrsten Wortsinn ein Gesicht. Vielleicht ist es eines, das bei Stress besonders rot wird. Wann empfand der Gegner den Stress? Ist es von Vorteil, bei zukünftigen Treffen den Stress zu vermeiden, oder ist es angeraten, diese Tatsache für sich zu nutzen? Das sind Beobachtungen und Fragen, denen Sie nachgehen sollten.

Tabelle 1 enthält einige Beispiele. Sie können sich selbst eine Liste erstellen und entsprechend für Ihre Verhandlungspartner ausfüllen.

> Interessieren Sie sich – zu Ihrem eigenen Vorteil! – auch für die privaten Reaktionen und Vorlieben Ihres Geschäftspartners.

Entscheidend bei allen Überlegungen ist, dass man sich selbst gegenüber wirklich ehrlich ist. Objektivität ist von großer Bedeutung, besonders bei der abschließenden Frage: »Was gelang mir besonders gut?« Diese

Ist der Verhandlungspartner starker Raucher?	Ja / Nein
Benötigt Ihr Verhandlungspartner dafür eine Pause zwischendurch?	Ja / Nein
Wie verhält sich Ihr Verhandlungspartner bei Stress?	Ist gelassen / Wird nervös
Was löst Stress bei Ihrem Verhandlungspartner aus?	Lange Gespräche ohne Pause, direkte Sonneneinstrahlung, abgedunkelte Räume
Bevorzugt Ihr Verhandlungspartner ein bestimmtes Getränk?	Tee / Kaffee / Wasser / Saft
Benötigt Ihr Verhandlungspartner einen besonderen Sitzplatz, zum Beispiel weil er Schwierigkeiten hat Schriften in Präsentationen zu erkennen?	Ja / Nein Vorne / Weiter hinten Am Fenster / An der Zimmerwand

Tabelle 1: Beispielhafte Checkliste zur Optimierung des Gesprächsverlaufs

Frage steht übrigens im Gegensatz zu der sachlichen Frage »Was gelang?« Dieser Unterschied in der knappen Frage ist ein Punkt, den ich abschließend ansprechen möchte. Gerade, wenn ein Gespräch beendet ist, wenn man den Ort der Verhandlung verlassen hat, rücken plötzlich persönliche Aspekte in den Vordergrund. Man hat während des Gesprächs alles getan, was möglich war, hatte sich vorbereitet und sein Bestes gegeben, doch nun treten womöglich Zweifel und Befürchtungen in den Vordergrund. Es ist wie bei einer Gehaltsverhandlung: Während des Gesprächs und vielleicht noch kurz danach ist man zufrieden mit dem Ergebnis. Doch schon bald fragt man sich, ob noch mehr zu erreichen gewesen wäre. Alles ging zu leicht! Die Verhandlung verlief zu schnell. Man wirft sich selbst vor, nicht alles ausgereizt haben, was möglich gewesen wäre.

Selbstzweifel sind nicht selten, aber unangebracht! Solche Selbstzweifel sind nicht selten, aber unangebracht. Verbannen Sie sie aus Ihrem Geist und Ihren Überlegungen. Verwechseln Sie sie auf keinen Fall mit der objektiven Nachbearbeitung der Verhandlung! Unter dem persönlichen Aspekt sehen die rein objektiv guten Ergebnisse einer Verhandlung oft anders aus. Oft hört man nach Verhandlungen wie Verkäufer »süße Zitronen« verkaufen. Objektiv schlechte Ergebnisse werden sich selbst und der Umwelt schön geredet.

Jedoch ist auch das Gegenteil zu beobachten: Gut verlaufene Verhandlungen werden schlecht geredet, weil sie nur einen Teil der erwünschten Ergebnisse brachten. »Eigentlich sind wir zufrieden«, heißt es dann, »aber man hätte zusätzlich dieses und jenes erreichen können!«

Statt sich faktenorientiert das Verhandlungsergebnis anzusehen, wird entweder an dem Erreichten herumkritisiert oder ein unbefriedigendes Ergebnis schön geredet. Es endet damit, dass eine objektive Begutachtung ebenso unmöglich wird wie eine nüchterne Betrachtung! Beide Varianten sind bei der nachträglichen Analyse wenig hilfreich und daher zu vermeiden. Zu leicht gerät man in eine Endlosschleife negativer Gedanken.

Dieses Phänomen ist häufig bei Menschen anzutreffen, die mit einer überhöhten Erwartung in die Verhandlung gehen. Meistens liegt keine saubere Analyse der Möglichkeiten vor. Über Optionen oder das, was realistisch machbar ist, nachzudenken, wird einfach vergessen. Die Enttäuschung ist dann vorprogrammiert. Im ungünstigen Falle führt das zu Gedanken wie: Ich kann das nicht, ich will das auch nicht – und es hat doch keinen Zweck, sich gut vorzubereiten, weil man das, was man wollte, nicht erreicht hat. Vermeiden Sie diese destruktiven Gedanken. Sie helfen keinem und am wenigsten Ihnen. Seien Sie zwar selbstkritisch und führen Sie einen sauberen Abgleich zwischen geplantem Ziel (Soll) und erreichtem Ergebnis (Ist) durch. Doch denken Sie daran, dass Stress aus der Differenz, also der Abweichung zwischen Soll und Ist entsteht.

Was für die Verhandlungen im privaten Bereich oder bei kleinen und mittleren Unternehmen in Bezug auf die Bewertung des Verhandlungsergebnisses gilt, trifft auch bei großen Verhandlungsrunden, wie zum Beispiel bei Tarifverhandlungen, zu. Hier herrscht ein enormer Erwartungsdruck – auch wenn ein durchaus annehmbares Ergebnis absehbar ist. Dennoch scheinen sich diese Ver-

Seien Sie selbstkritisch, aber führen Sie einen sauberen Abgleich zwischen Soll und Ist durch.

handlungen ewig in die Länge zu ziehen. Wären solche Verhandlungen schnell beendet, was durchaus im Rahmen liegt, würde die Kritik an den Ergebnissen nicht lange auf sich warten lassen: Das ging schnell, zu schnell! Sicherlich hat eine der beiden Seiten zu schnell nachgegeben! Das ist möglicherweise einer der Gründe, warum diese Verhandlungen sich immer über Wochen hinziehen. Keine der beiden Seiten möchte sich dem Vorwurf der Nachgiebigkeit aussetzen.

Vermeiden Sie auf jeden Fall, persönliche Verletzungen in einer abschließenden Beurteilung von Verhandlungen, einzubeziehen. Scheinbare Makel am Verhandlungsergebnis sollten nicht schwer und schon gar nicht persönlich genommen werden. Das ist durchaus wörtlich zu verstehen. Stellen Sie sich vor, Sie kaufen zu günstigen Konditionen einen Gebrauchtwagen. Er ist sowohl billiger als auch wesentlich besser in Schuss als erwartet. Doch kaum sind Sie zu Hause angekommen, entdecken Sie eine kleine Delle am Kotflügel.

Ein Makel, der sich leicht und billig beheben lässt und zudem kaum zu sehen war. Und doch würden viele Menschen diesen Fehler schwer nehmen. Der Verdacht würde aufkommen, dass der Händler von der Delle gewusst und sie absichtlich verschwiegen hat. Dieser Gedanke setzt sich fest, vielleicht sogar wider Willen. Zukünftig wird dieser Umstand dazu führen, dass auch Jahre später stattfindende Verhandlungen mit einem Autohändler erschwert werden. Argwohn und Misstrauen treten in den Vordergrund, obwohl es hierfür keinen Grund gibt.

Nehmen Sie scheinbare Makel am Verhandlungsergebnis nicht schwer und schon gar nicht persönlich.

So etwas ist weder der Analyse noch der Bewertung der Situation angemessen. Überlegungen dieser Art haben in der Regel ihren Grund in verletzter Eitelkeit und in einem angeschlagenen Ego. Vielleicht hat der Händler gar nichts von der Delle gewusst. Es ist auch möglich, dass der Händler Ihnen genau aus diesem Grund im Preis nachgab. Abgesehen davon, könnte man auf eigene Kosten die Delle günstig bei einem Spezialbetrieb, der unter anderem Autolack aufpoliert, bearbeiten und entfernen lassen. So ergeben sich im Verhältnis zum Autohändler wiederum Optionen zum Nachverhandeln. Das kann ein Satz gebrauchter Reifen sein, die nächste Inspektion oder der Einbau einer Freisprechanlage für das Mobiltelefon.

Ein Freund, Thomas, schaffte sich zusammen mit seiner Frau, Frederike, einen Zweitwagen für die Familie an – einen Gebrauchtwagen. Es wurde verhandelt und das Ergebnis war durchaus zufriedenstellend: ein gepflegter, kleiner Gebrauchtwagen, nur wenige Jahre alt. Doch bei Sonnenlicht zeigten sich kleinere Stellen, die unschön waren.

Das Auto sollte zur Grundreinigung gebracht werden. Thomas wollte dabei die Fehler im Lack ebenfalls beheben lassen. Außerdem standen noch Sommerreifen und Scheibenwischer an, aber die wollte Thomas selbst montieren, um Geld zu sparen. Thomas' Frau, Frederike, bot sich an, die Verhandlung dazu zu übernehmen. Sie besprach sich jedoch vorher mit Thomas. Beide waren sich einig, nicht allzu viel bei der Reinigung dazu bezahlen zu wollen. Thomas und Frederike sprachen einen Maximalbetrag von 200 Euro ab, den die Generalüberholung kosten sollte. Zuvor hatte sich das Ehepaar im Internet in einschlägigen Foren und auf Werbeseiten informiert, wie teuer eine solche Maßnahme sei. Beide waren sich jedoch einig, dass die Maßnahme vom Händler vor Ort durchgeführt werden sollte.

Frederike rief die Werkstatt an und begann die Verhandlung, wie abgemacht mit einem Angebot von 150 Euro. Natürlich hatte sie damit gerechnet, dass die Werkstatt ablehnen würde. Frederike und der Werkstattmeister verhandelten hin und her, bis sie sich schließlich einigten. Doch kaum hatte sie aufgelegt, schlug sie sich mit der Hand auf die Stirn: »Ich habe es falsch gemacht! Jetzt müssen wir doch 230 Euro ausgeben – weiter runter wollte die Werkstatt nicht gehen!«

Frederike ärgerte sich und fühlte sich von Inhaber der Werkstatt über das Ohr gehauen. Doch Thomas gab nicht auf. Er schlug vor, da das Angebot bereits angenommen sei, doch wenigstens darauf zu bestehen, dass die Werkstatt für die genannte Summe die auf dem Wagen montierten Winterreifen gegen die Sommerreifen austauschen, beziehungsweise ummontieren und die Winterreifen kostenfrei einlagern sollte. Bei dem Preis sollte das inklusive sein. So würde Thomas am kostbaren Familienwochenende doch noch etwas Zeit gewinnen. Er bot Frederike an, das selbst mit dem Meister zu besprechen. Doch Frederikes Ehrgeiz war geweckt. Sie bestand darauf, selbst zu verhandeln! Und es gelang! Die Familie hatte also ein günstiges Zweitauto, grundgereinigt und mit montierten Sommerreifen und Scheibenwischern, und Thomas konnte das Wochenende ungestört mit seiner Familie verbringen. Das Autohaus profitierte ebenfalls davon. Zum Herbst hin muss Thomas wieder zur Werkstatt, da die Sommerreifen gegen die Winterbereifung ausgetauscht werden müssen.

Sie sehen an diesem Beispiel diverse Punkte erläutert, die in den vergangenen Kapiteln bereits ausführlich dargestellt wurden. Da sind die Recherchen, der Gegenstand der Verhandlung, die Einigung vorab, die Frage, wer die Verhandlung führt – das »Wir«-Team –, die Bedingungen, die eigene klare Wunschliste und die Optionen. Selbst ein »Patzer« bei der Verhandlung wurde, wenn auch nicht ungeschehen gemacht, so doch zum Guten gewendet: Das scheinbare Versagen von Frederike wurde durch eine Situationsanalyse, das Umschwenken in der Strategie und dem Loslassen des persönlichen Ärgers, der sich in Frederike über ihr eigenes »Versagen« breitgemacht hatte, wieder ausgebügelt.

Das Ergebnis war in jeder Beziehung ein Plus für die Familie – und das weit über das Fahrzeug hinaus. Die genaue Vorbereitung einer Verhandlung jedweder Art führt nicht nur zu einem besseren Ergebnis der Verhandlung selbst, sondern auch zu

9 Die Nachbereitung

einer Verbesserung die menschliche Komponente betreffend: das gute Gefühl. Die Arbeit daran bringt Ihnen auch in anderen Bereichen des Lebens nur Vorteile.

Bedenken Sie also, was für die Nachbereitung Ihrer Verhandlung wichtig ist:

Das ist für die Nachbereitung Ihrer Verhandlung wichtig!

- Erstellen Sie auf jeden Fall immer ein Protokoll der Verhandlung. Neben den sachlichen Ergebnissen – Zahlen, Daten und Fakten (ZDF) – sollten auch die persönlichen Eindrücke der Gesprächsverlaufs festgehalten werden. Sie sind ebenso von Nutzen. Erstellen Sie dieses Protokoll selbst, geben Sie diese Aufgabe nicht aus der Hand und vermeiden Sie, dass die Gegenpartei (das Team der »Anderen«) Ihnen diese sehr wichtige Aufgabe »abnimmt«!
- Vermeiden Sie Zusagen, die Sie nicht einhalten können. Beim Verhandlungspartner sollten Sie in Ihrem eigenen Interesse darauf einwirken, dass dieser konkret wird, wenn er seinerseits derartige Zugeständnisse Ihnen gegenüber macht. Halten Sie ebenso fest, was geschehen soll, wenn Zusagen unerfüllt bleiben oder nicht eingehalten werden können. Denken Sie daran, gemachte Zusagen auch nach der Verhandlung durch Recherche auf ihre Machbarkeit hin abzuklopfen und gegebenenfalls nachzuverhandeln.
- Bleiben Sie für Alternativen und Optionen immer offen bis zum Schluss. Es können sich immer Sachverhalte ergeben, die eine neue Perspektive eröffnen und damit auch Nachbesserungen oder gar Nachverhandlungen rechtfertigen.
- Betrachten Sie sich nach der Verhandlung selbst. Wie haben Sie agiert, beziehungsweise reagiert? Worauf haben Sie reagiert und wie? Was können Sie verbessern, wo müssen Sie noch einmal in Training oder Coaching einsteigen, was in der Simulation noch einmal üben?
- Auch der Gegner ist auf der Beziehungsebene zu untersuchen. Wie reagierte er auf Stress, auf Erfolg, auf eine wirkliche oder eingebildete Provokation? Kann das nützlich sein, muss man die eigene Strategie anpassen?

> Bleiben Sie so objektiv wie möglich und bewerten Sie die Ergebnisse und sich selbst neutral.

Nehmen Sie bei der Nachbereitung keinen persönlichen, subjektiven Standpunkt ein. Bleiben Sie so objektiv wie möglich und bewerten Sie die Ergebnisse und sich selbst neutral. Fehlende Objektivität bei der Analyse kann negative Auswirkungen auf zukünftige Verhandlungen haben, für Sie selbst, aber auch für Ihren Verhandlungspartner. Stichworte: Mangelndes Selbstbewusstsein, Misstrauen und damit eine schlechte Verhandlungsatmosphäre.

Mit einer positiven Einstellung gewinnen Sie immer. Sie stärken Ihr Selbstbewusstsein, wirken sympathisch und sorgen im ersten Augenblick für eine angenehme Verhandlungsatmosphäre.

Viel Erfolg bei Ihren zukünftigen Verhandlungen wünscht Ihren

Ihr
Kurt-Georg Scheible

Anmerkungen

Einführung
1 http://www.manager-magazin.de/unternehmen/autoindustrie/bmw-chef-reithofer-verordnet-bmw-neues-sparprogramm-a-975869.html;
http://www.manager-magazin.de/unternehmen/autoindustrie/daimler-chef-verordnet-mercedes-weiteres-milliarden-sparprogramm-a-981339.html;
http://www.sueddeutsche.de/wirtschaft/automobilkonzern-vw-verordnet-sich-ein-sparprogramm-1.2071751.
2 http://de.wikipedia.org/wiki/Mitteldeutsche_Erfrischungsgetränke;
http://www.rescoweb.com/04AC/articulos.asp?IdCategoria=22&Id Idioma=DE&IdArticulo=322;
http://www.handelsblatt.com/archiv/mineralwasserproduzent-meg-verdoppelt-seinen-absatz-ostdeutscher-brunnen-will-gerolsteiner-ueberfluegeln/2205088.html.
3 http://en.wikipedia.org/wiki/Muhammad_Ali_vs._Antonio_Inoki.

3 Die Recherche: Information ist Macht!
1 http://de.wikipedia.org/wiki/Kleine-Welt-Phänomen.

5 Das Training: Rüsten Sie auf!
1 http://www.golf.de/dgv/geschichte.cfm?objectid=60081238.

Stichwortverzeichnis

A Analyse 31, 89
Angreifer 81
Angriff 96
Angstgegner 95, 98
Anwaltskanzlei 111
Arzt 102
Atmosphäre 145
Augenhöhe 11, 96, 135
Auslistung 127
Äußeres Erscheinungsbild 97

B Banker 105
BATNA 40, 43, 57, 122, 129
Bauchgefühl 42
Begleitumstände 43, 65
Begleitung 127
Beschützer 99
Beziehung 21
Beziehungsebene 47, 137, 144, 151
Bittsteller 96
Blockade 81, 110
Branche 49
Briefing 19
Bühnenbild 117
Bundestagswahl 40

C Checkliste 133
Coach 87
Coaching 91 f., 96, 105, 110, 144

D Dekeyser, Bobby 91
Details 113, 118
Diltssche Ebenen 101, 104
Doppelsieg-Strategie 9

E Eigeninventur 31
Einstein, Albert 34, 79
Einstellung 102
Einstudiertes Verhalten 80
Einwand 69 f., 74
Eisberg 46
Eiserne Faust 133
Emotionale Vorbelastung 128

Empathie 56
Enttäuschung 147
Ergebnislosigkeit 123
Erwartung 32, 147

F Facebook 54, 56
Fähigkeit 104, 135
Fairness 135
Familie 47, 53
Fehler 87, 89
Firma 50
Firmen-DNA 53
Fisher, Roger 40
Flipchart 114
Flüchter 81
Foto 97
Frisch Auf Göppingen 95
Fulbright, J. Willliam 125
Fußballweltmeisterschaft 131

G Gebrauchtwagen 148
Gehaltsverhandlung 146
Generalprobe 107, 118
Gerichtsverhandlung 111
Geschulter Verkäufer 27
Gesprächspartner 52
Gewinn 39
Glauben 135
Glaubenssätze 93 f., 102
Glück 83, 90
Götze, Mario 132
Grauzone 140
Große Koalition 40
Gutes Gefühl 44, 54, 58, 62, 118 f.

H Harvard-Universität 9, 14, 40, 55
Hemmnis 37, 123
Hemmschwelle 87, 96
Herberger, Sepp 137, 141
Hindernis 81, 96, 110
Hinfallen 87, 89
Hobby 47, 53, 56

Hölle Süd 95
Hypothetische Ebene 9

I Identität 104, 135
Identitätskrise 103
Informationen 145
Inoki, Antonio 15

K Kahneman, Daniel 39
Kleidung 134
Kleine-Welt-Phänomen 55
Kleinigkeiten 115
Kompromiss 10, 17
Konfliktherd 25
Konfuzius 80
Kosten 64

L Lampenfieber 121
Langer, Bernard 83
Lebenslauf 56
Liefervereinbarung 141
Logische Ebenen 101
Löw, Jogi 132

M Manöver 110
Matterhorn 87
Mediator 10, 14
Mensch 52, 57
Menschlicher Faktor 47, 50, 107, 112
Mentale Ebene 93
Milgram, Stanley 55
Mitschrift 142
Modell 110
Morphische Felder 115
Muhammad Ali 15
Musik 97

N Nachbereitung 137
Nachbesserung 140
Nachlässigkeit 138
Nachverhandlung 140
Nebengeschäft 36
Nebenziel 65f., 73
»Nein« 84, 90
Netzwerk 53, 55
Notizen 140

O Objektivität 145, 152
Öko-Check 63, 65, 73
Olympia 112
Optionen 46, 72
Organisationsaufstellung 108
Ort 134

P Packaging 35, 41
PAHO-Schema 46
PAHRE 33
Pfarrer 102
Plan B 35, 44, 122
Player, Gary 83, 90
Podolski, Lukas 132
Praxis 121, 139
Private Komponente 25
Privatsphäre 53
Prospect Theory 39
Protokoll 138, 151
Prozess 85f., 90
Publikum 116

R Rahmen 134
Raucher 134, 146
Räume 113
Realitätscheck 117
Recherche 45, 153
Reflex 80, 82
Regeln 93
Repräsentant 115, 117
Respekt 54
Rollenbesetzung 115
Rollenspiel 88, 90
Rückschlag 82, 87

S Sachebene 47, 137, 144
Scharfer Hund 99
Schaubild 22, 58
Schlupfloch 140, 143
Schwebezustand 123, 125
Schweinsteiger, Bastian 133
Selbstbewusstsein 96, 98, 106, 152
Selbstzweifel 146
Seneca der Jüngere 80
Setting 134

Stichwortverzeichnis

Sheldrake, Rupert 115
Siemensianer 103
Signal 27 f.
Simulation 107
Situationsanalyse 34
Sitzplan 114
Skizze 28
SMART-Regel 62 f., 65, 73
Spencer, Bud 64
Spielraum 134
Strategie 59, 60 f., 67, 96
Szenario 45

T Taktik 60 f., 67, 96
Tarifverhandlungen 66, 124 f., 147
Team 20
Totsteller 81
Training 79, 89, 91 f., 110, 153
Tversky, Amos 39

U Überlegene Position 11
Übung 86, 89 f.
Umfeld 47, 64, 110
Umwelt 101, 104, 134
Unerfüllte Vereinbarung 142
unmoralisch 96
Ury, William 40

V Verhalten 104, 134
Verhaltensmuster 16
Verhandlungsatmosphäre 53
Verhandlungsführer 28
Verkäufer 102

Verknüpfung 22
Verletzte Eitelkeit 148
Verlust 39
Vertrauen 54
Vorbereitung 19
Vorgesetzter 130
Vorliebe 53
Vorwand 70

W Wadenbeißer 99
Wahrnehmungspositionswechsel 41 f., 44, 89, 99, 106, 123, 135, 145
Weidenfeller, Roman 132
Werte 104, 106, 135
Wille 92
Win-Win-Strategie 9
»Wir«-Team 28
Wochenmarkt 83 f., 86
Worst-Case-Szenario 36, 43

X Xing 54

Z ZDF 47
Zeitdruck 40
Zeitplanung 130
Zerstörer 96
Ziel 43, 59 f., 62
Zielraum 134
Zufriedenheit 141
Zugehörigkeit 104
Zugeständnis 151
Zusammenfassung 141

Über den Autor –
Kurt-Georg Scheible im Fokus

»Unternehmer-Persönlichkeiten sind die Rebellen der Neuzeit. Daher ist es erforderlich, Werte wie Mut, Kreativität und Idealismus zu fördern und respektvoll anzuerkennen.«

Der renommierte Erfolgsverhandler Kurt-Georg Scheible schlägt die Brücke zwischen zwei Welten. Er ist aktiver Unternehmer aus Leidenschaft und gleichzeitig gefragter Vortragsredner. Sein Wissen aus über 25 Jahren Unternehmertum, unzähligen Verhandlungen und Vorträgen richtet sich an Führungskräfte, Leader, Firmeninhaber sowie erfahrene Manager.

Der Unternehmer – Erfahren. Dynamisch. Modern.

Seine Karriere begann der gelernte Bankkaufmann und Dipl.-Wirtschaftsingenieur als Verkaufsleiter in der Automobilbranche bei einem Zulieferunternehmen. 1994 übernahm Kurt-Georg Scheible eine Papiergroßhandlung. Er baute das Unternehmen erfolgreich um neue gewinnbringende Geschäftssparten, bis zu dessen Verkauf, aus. Bereits 1998 gründete der Erfolgsverhandler gemeinsam mit Partnern ein Ingenieurbüro zur Nutzung regenerativer Energien.

Scheibles heutige Unternehmen sind neben Windparkbeteiligungen auch im Export tätig. Kernkompetenzen seiner Firmen liegen in der Entwicklung und Förderung des Unternehmertums – gleich ob Mittelstand oder internationale Konzernebene. Zu seine Kunden gehören Namen wie Procter & Gamble, Deutsche Bank, Nestlé, Beiersdorf, BASF, Capgemini oder RWE. Kurt-Georg Scheible leitet seine Firmen aus praktischen Erfahrungen heraus sowie aus den von ihm entwickelten zukunftsweisenden Grundsätzen.

Die nationalen und internationalen Trainings- und Beratungsunternehmen des Experten für Verhandlungen unterstützen Lieferanten aus Automotive und Konsumgüterindustrie in schwierigen Verhandlungen gegen übermächtige Handelskonzerne oder Automobilbauer. Sein dadurch erlangtes Renommee als Experte und Erfolgsverhandler reflektiert Kurt-Georg Scheible ebenso als bekannter und gefragter Keynote Speaker und Vortragsredner.

Der Redner – Provokativ. Humorvoll. Klar. Deutlich.

In seine praxisnahen, packenden und emotionalen Vorträge fließt jahrzehntelange Erfahrung als arrivierter Unternehmer in verschiedenen Branchen ein. Wirtschaftliche Prozesse als auch unternehmerische Belange faszinieren Kurt-Georg Scheible voller Freude und Begeisterung.

Seine Themen-Schwerpunkte sind Verhandeln, Führung und Unternehmergeist. Die Spezialgebiete bilden die Aspekte »Schwierige und festgefahrene Verhandlungen«, »Verhandeln, um zu Siegen« und »Das Entkommen aus der Win-Win-Falle«. Die Beispiele aus Scheibles Vorträgen haben stets einen direkten Bezug zur Praxis. Der Keynote Speaker hält alle seine Vorträge frei und ohne Powerpoint. Das honoriert sein Publikum. Auf Kongressen erhält der Erfolgsverhandler für seine Performance und Praxisnähe regelmäßig Top-Bewertungen. Im Juni 2014 erhält Kurt-Georg Scheible für seinen Vortrag »Raus aus der Win-Win-Falle. Verhandeln um zu siegen« beim Deutschen Vertriebskongress von der Conference Group wiederholt den Spitzenplatz mit der Note 1,4. Begeisterte Teilnehmer schreiben an den Veranstalter: Provokativ. Humorvoll. Auf den Punkt.

Der Erfolgsverhandler – Relevant. Wirkungsvoll. Erfolgsorientiert.

Praxisnähe und die Möglichkeit zur direkten Umsetzung sind Kurt-Georg Scheible besonders wichtig. Der Verhandlungsprofi geht über das reine Referieren zum Thema »Verhandlungsprozesse« weit hinaus. Ihm ist es wichtig, seine Kunden unterstützend bis an den Verhandlungstisch zu begleiten. Sein Motto: »Der Erfolgsverhandler, der mit ins Feuer geht.« Zusammen mit seinem Bruder, dem Einkaufsexperten Klaus Scheible hat er mit der Marke »Scheible & Scheible Die Erfolgsverhandler®« das Verhandlungsprogramm »Im Kopf des Einkäufers®« geschaffen. Beide Brüder erweitern seitdem kontinuierlich ihr Unternehmen ErfolgsCampus. Scheible & Scheible führen jährlich über 30 offene Trainings sowie eine Vielzahl firmeninterner Veranstaltungen und Beratungen durch. Ihre Kundenliste liest sich wie das »Who is Who« der deutschen Konsumgüterwirtschaft. Seit 2014 gibt es mit ErfolgsCampus Zürich ebenso eine eigene Ländergesellschaft für die Schweizer Handelslieferanten.

Die Vorträge – Begeisternd. Herausfordernd. Auf den Punkt.

Kurt-Georg Scheible lebt in seinem täglichen unternehmerischen Dasein glaubwürdig vor, was er in Vorträgen und Keynotes seinem Publikum nahebringt. Kaum eine unternehmerische Situation ist ihm fremd, kaum ein Konflikt, den er nicht schon selbst in seinem geschäftlichen Alltag erlebt und erfolgreich gelöst hat. Das macht ihn als Redner authentisch, einzigartig und unverwechselbar. Sein Publikum erlebt: Hier spricht ein leidenschaftlicher Vollblutunternehmer aus der Praxis.

Ein Auszug aus seinem Vortrags-Portfolio:

- Raus aus der Win-Win-Falle (WiWiFa). Verhandeln um zu siegen.
- Preiserhöhung sicher durchgesetzt, bringt Unternehmen Nachhaltigkeit
- Führen statt Managen. Unternehmensführung der Zukunft!

Kurt-Georg Scheible konzipiert ebenfalls maßgeschneiderte Vorträge für Unternehmen und ihre individuellen Themen und Bedürfnisse. Der direkte Dialog ist eins seiner Markenzeichen.

Seine Auszeichnungen – Sozial. Business. Übergreifend.

Kurt-Georg Scheible ist 5 Sterne Redner und 5 Sterne Experte. Er ist Referent bei zahlreichen namhaften Redneragenturen und Best of Semigator sowie Professional Member der German Speakers Association GSA und Dozent an internationalen Business-Schools, wie der renommierten Frankfurt School of Finance and Management. Scheible ist ferner Lehrbeauftragter an mehreren Hochschulen.

Für die Gründung, die langjährige Leitung und sein Engagement über seine Präsidentschaft des sozialen Projekts »Stufen zum Erfolg« hinaus erhielt er 2008 die goldene Ehrennadel der Wirtschaftsjunioren Deutschlands. Kurt-Georg Scheible war Mitglied beim Projekt »Mir schaffet's« der süddeutschen Presse und unterstützt neben weiteren sozialen Projekten seit Jahren »Zwerg Nase«, Das Haus für Kinder mit Beeinträchtigungen in Wiesbaden.

Der Experte – Print. Radio. Fernsehen.

Als Handels- und Wirtschaftsexperte wird Kurt-Georg Scheible regelmäßig um Rat und Einschätzung gefragt oder von Print, Funk und Fernsehen eingeladen. Vertreten sind dabei die Wirtschaftsredaktionen von RTL, SAT1, NDR, Financial TV, Welt, impulse, Lebensmittel Zeitung als auch The Conference Group. Scheible ist ansonsten geladener Redner auf Handels- und Wirtschaftskongressen und Experte in Diskussionsrunden.

Stimmen seiner Kunden und aus dem Publikum unterstreichen seine Kompetenz:

Das Seminar zum Buch:
Raus aus der Win-Win-Falle! Verhandeln um zu siegen.

In den letzten Jahren ist im Vertrieb und darüber hinaus eine »Win-Win-Einstellung« immer populärer geworden. Die Realität sieht im Alltag des Business anders aus. Gesättigte Märkte, starke Wettbewerber, Zulieferer gegen Handelskette, Fusionen sowie überlegene Verhandlungsgegner. Knallhartes Verhandeln ist in vielen Unternehmen die Direktive. In den Verhandlungen gewinnt eine Partei schnell die Oberhand. Es geht um Prozente, Margen, Verdrängung und Wettbewerbsvorteile. Das »Verfallsdatum« des erzielten Verhandlungserfolges läuft rapide ab.

Um den Druck dieser Gesprächsrunden zu mindern, wird vielfach auf die sogenannte »Doppel- oder Win-Win-Strategie« gesetzt. Diese an der Havard Universität entwickelte Strategie hat zum Ziel, dass alle Beteiligten einer Verhandlung einen Nutzen generieren. Doch vielen Unternehmen wird diese Vorgehensweise während einer Verhandlung zur Falle, warnt Erfolgsverhandler Kurt-Georg Scheible in seinem Vortrag »Raus aus der Win-Win-Falle! Verhandeln um zu siegen!«

Kurt-Georg Scheible, selbst Topmanager und Unternehmer, weiß aus seiner über 25-jährigen breiten Berufserfahrung, dass diese Art der Verhandlungsgespräche für eine Gesprächspartei mit unbefriedigenden Ergebnissen, mit weitreichenden Folgen, endet. Etliche Unternehmen hat das bereits in die Insolvenz geführt. Der arrivierte Berater von nationalen sowie internationalen Kunden wie Nestlé, RWE oder die Deutsche Bank lenkte diese Gespräche stets so, dass er als Sieger den Verhandlungstisch verließ. Scheible zeigt Managern, Führungskräften, Unternehmern und Menschen, die täglich verhandeln müssen, einfach aber effektvoll, wie als vermeintlicher »David« zum Beispiel ein Jahres- oder gar ein Fusionsgespräch erfolgreich beendet wird.

Eine Verhandlung beginnt weit vor dem eigentlichen Gespräch. Das verdeutlicht Kurt-Georg Scheible seinem Publikum immer wieder. Zahlen und Fakten sind zu schwach, um der »Win-Win-Falle« zu entkommen. Um eine Verhandlung auf Augenhöhe zu führen, muss man seinen Verhandlungsgegner genau studieren. Dazu gehören ebenso »weiche« Faktoren wie Gewohnheiten, Vernetzung oder mediale Informationen. Trotz Aktualität und Bedeutsamkeit dieses Themas vermittelt Kurt-Georg Scheible Tipps sympathisch und humorvoll. Der Verhandlungsprofi konkretisiert auf welche Weise in ausweglosen Situationen »das Ruder noch herumgerissen« werden kann. Mit seinem packenden Vortrag grenzt sich der Erfolgsverhandler klar zur Harvard-Theorie ab und zeigt, wie man der »Win-Win-Falle« entkommt.

- Optimierung der eigenen Verhandlungsstrategien
- Verfahren in vermeintlich ungünstigen Gesprächspositionen
- Simple Techniken zur Steigerung des Verhandlungsgeschicks
- Umgang mit Ablehnung beziehungsweise die Handhabung eines »Neins«
- Differenzierung zwischen menschlicher Ebene und Verhandlung
- Wandlung eines Kompromisses in eine wirkliche »Win-Win-Situation«